Rolf Krenzer
Glauben erlebbar machen

„Hier sehe ich die große Chance der religiösen Erziehung im Kindergarten, weil durch die Einbeziehung in den Glauben der Erzieherin oder des Erziehers das Kind Freude, Hoffnung und Vertrauen, aber auch Stärke und Trost erleben und erfahren kann, die es selbst hoffen und vertrauen lernen lassen.“

Rolf Krenzer

Grundkurs

Glauben erlebbar machen

Spielgeschichten und Lieder
für die religiöse Erziehung im Kindergarten

Herder
Freiburg · Basel · Wien

Alle im Buch angegebenen Lieder sind mit Noten und auf Tonträgern bei den angegebenen Musikverlagen oder durch den Buchhandel bzw. Kindergartenservice lieferbar.

Überarbeitete Neuausgabe

Textfotos: Hartmut W. Schmidt, Freiburg
Grafiken: Dagmar Domina, Dillenburg
Notengrafik: Nicolaus Veeser, Freiburg
Einbandgestaltung: Meike Hürster, Freiburg

Printed in Germany

Herstellung: Freiburger Graphische Betriebe 1996
ISBN 3-451-22765-7

Inhalt

Vorwort

Als ich vor zehn Jahren mit meinem Werk „Glauben erlebbar machen“ wohl die erste an modernen Gesichtspunkten orientierte Methodik und Didaktik einer religiösen Erziehung im Vorschulalter herausbrachte, der dann vier weitere Auflagen in den folgenden Jahren folgten, ahnte ich nicht, auf wieviel Zustimmung ich stoßen durfte und wie glücklich viele Erzieherinnen und Erzieher, Grundschullehrerinnen und -lehrer und ebenso viele Mitarbeiterinnen und Mitarbeiter in der Gemeindearbeit beider Kirchen waren, daß damit endlich alte Zöpfe abgeschnitten worden waren, um mit neuen Spielliedern und Spielgeschichten zu neuen religiösen Erlebnisinhalten zu gelangen, die eine neue Dimension im Erleben des Glaubens für Kinder wie Erwachsene eröffneten.

Gemeindehelferinnen und junge Eltern, Pfarrer mit ihren Kindergottesdiensthelfern, die mit neu gestalteten Familiengottesdiensten Kinder und junge Familien wieder zurück in die Gottesdienste holen wollten, die sie wegen ermüdender Langeweile und lebenstötender Starrheit verlassen hatten, nahmen die neuen Anregungen begeistert auf und versuchten, sie mit Kindern im Kindergarten, im Religionsunterricht der Grundschule und im Gottesdienst einzubringen und so zu einem erlebnisreichen und lebendigen Glaubenserleben mit allen, die daran teilnehmen, zu gelangen.

Ich bin in all den Jahren sehr oft zum Vorbereiten und Durchführen beispielsweise solcher Gottesdienste eingeladen worden, um mit- und Mut zu machen, Angst vor der Spontaneität, die nun einmal in einem lebendigen Gottesdienst gefordert wird, zu nehmen und deutlich zu machen, wie wichtig es ist, eine „Versammlung von Kühlschränken“ – wie sie einmal ein Hamburger Pfarrer bezeichnet hat – in eine lebendige Gemeinde zu verwandeln, die sich nicht an ihren Gesangbüchern festhält und sich mühsam von Strophe zu Strophe eines Liedes quält, sondern sich anstecken und begeistern läßt, mitschwingt und mittut und so den Gottesdienst zu dem Fest werden läßt, das er schließlich im Namen Gottes sein soll.

In kurzer Abfolge brachten dann zahlreiche Verlage „neue“ Vorschläge zur religiösen Erziehung im Kindergartenalter heraus, die sich – nicht nur im Titel – stark an mein Konzept anlehnten.

Auch die einfachen Spiellieder, in der engen Zusammenarbeit mit Peter Janssens, Detlev Jöcker und Ludger Edelkötter ganz speziell für die vorgesehene Zielgruppe von mir erarbeitet und hier erstmals in diesem Zusammenhang vorgestellt, wurden und werden weiterhin übernommen. So sind „Ein bunter Regenbogen" (Janssens), „Halte zu mir, guter Gott" (Edelkötter) oder „Du hast uns deine Welt geschenkt" (Jöcker) inzwischen zu Standards geworden, ohne die Gottesdienste mit Kindern anscheinend ebensowenig auskommen können wie die Werke, die sich mit Glaubenserziehung im Vor- und Grundschulalter befassen.

In den zehn Jahren, die nun zwischen der ersten Auflage und der neuen sechsten Auflage liegen, ist so viel geschehen, daß dem entsprechend Rechnung getragen werden muß:

1. Religiöse Erziehung, religiöses Erleben findet nicht oder nur noch selten in der Familie statt.
2. Die Familie, die Familienstruktur hat sich sehr, oft zuungunsten der Kinder verändert. Die Kleinfamilie wird zur Ausnahme und ist häufig von anderen Familienmodellen (z. B. Alleinerziehende mit Kind) abgelöst worden.
3. Aufgrund dieser Veränderungen wird der konfessionelle Kindergarten immer mehr zum einzigen ersten Glaubensvermittler. Diese Funktion wird auch von den Eltern zunehmend erwartet und gewünscht.
4. Das Bild unserer multikulturellen Gesellschaft spiegelt sich längst im Kindergarten wider.
5. Neue wichtige Schwerpunkte wie verantwortungsbewußtes Umgehen mit der Umwelt, harmonisches Zusammenleben mit Menschen, die anders sind, Friedenserziehung, Bereitschaft zum Teilen usw. sind zu den bisherigen Inhalten der Glaubenserziehung hinzugekommen.
6. Religiöse Angebote richten sich immer stärker an jüngere Kinder.
7. Religiöse Erziehung beginnt somit bereits im Krabbelalter, hat ihren Schwerpunkt im Kindergarten und in den ersten Jahren der Grundschule.
8. Kinderkommunion und Kinderabendmahl sollten daher überdacht und gegebenenfalls fester Mittelpunkt der Kindermesse und des Familiengottesdienstes werden.
9. Wegen der großen Zahl von Kirchenaustritten sind die Gemeinden viel kleiner geworden, haben sich zum Teil aber auch gerade

deshalb „gesund geschrumpft" und stellen sich heute offen und neuen Möglichkeiten zugewandt dar.

10. Das bedeutet, daß hierarchische Praktiken und Formen und über Jahrhunderte gültige Glaubensinhalte neu überdacht werden müssen, weil sie sonst ihre Gemeinde verlieren. Hier haben die zahlreichen Diskussionen in einer breiten Öffentlichkeit nicht nur für Wirbel, sondern auch für kritische Überlegungen gesorgt.

Wenn es gelingt, Kinder so früh und so lange wie möglich für Glaubensinhalte zu interessieren, wenn sie sich in den Angeboten der religiösen Erziehung und des Gottesdienstes eingebunden, geborgen und wohlfühlen, dann wird hier ein Grundstein für ein späteres Praktizieren des Glaubens gelegt, das unter Umständen erhebliche Auswirkungen auf ihre Familien, bestimmt aber auf ihre Zukunft und zukünftige eigene Familien hat.

Die Situation unserer Gesellschaft und der Kirche in dieser Gesellschaft hat sich so grundlegend verändert, daß eine Neubesinnung in fast allen Bereichen kirchlichen Glaubens und christlicher Glaubensvermittlung notwendig geworden ist.

Die neue Auflage dieses Werkes orientiert sich an den veränderten Lebens- und Umweltbedingungen ebenso wie an der veränderten Glaubenssituation.

Sie ist darum bemüht, erprobte Anregungen weiterzuvermitteln und neue Hilfen und Angebote anzubieten, die mit wenig Mühe in allen Bereichen religiösen Lebens zusammen mit Kindern eingesetzt werden können und Glauben so erlebbar machen, daß Kinder wie Erwachsene sich davon angesprochen und bestärkt fühlen, weiter zu machen, dabei zu bleiben und zu mündigen und kritischen Christen heranzuwachsen.

Das vorliegende Buch ist aus der täglichen Praxis entstanden. Es ist kein Buch für den Bücherschrank, sondern eine aus langjähriger Erfahrung vorgenommene Sammlung der vielfältigsten Angebote, die nur darauf warten, ausprobiert und eingesetzt zu werden. Weil gerade im Bereich des Spielens wirkliche und echte Erlebnischancen außerordentlich groß sind, werden immer wieder Spiellieder angeboten, die wegen ihrer einfachen Texte und Melodien mit den geringsten Voraussetzungen sogleich in ein erlebnisreiches Spiel umgesetzt werden können und jüngste Kindergartenkinder ebenso ansprechen und anregen wie ältere.

Alle Angebote setzen voraus, daß es Erzieherinnen und Erziehern selbst Freude macht, diese oder jene Anregungen aufzunehmen und einzubringen. Nur dann, wenn sie von einem einzelnen Angebot selbst überzeugt sind, wenn sie selbst ein solches Angebot mit Freude einbringen, wird es gelingen, diese Freude den Kindern weiterzugeben und sie zu begeistern. „Die Sache Jesu braucht Begeisterte", singen wir in einem modernen Kirchenlied. Und eine solche Begeisterung dürfen wir mit Kindern erleben, wenn wir selbst bereit sind, uns begeistern zu lassen. „Unser Leben sei ein Fest", heißt es in einem anderen, viel gesungenen Lied. Ein solches Fest dürfen wir immer wieder gemeinsam erleben, wenn wir uns anstecken lassen und uns mit den uns anvertrauten Kindern zu diesem Fest eingeladen fühlen. Hierzu möchten die vielen Angebote dieser Sammlung auffordern. „Kommt, wir malen einen Regenbogen für das große Fest", heißt es in einem Spiellied dieser Sammlung. Und dann weiter: „Und wir bauen unterm Regenbogen fröhlich unser Nest. Und wir singen, und wir spielen und wir tanzen unterm Regenbogen ..."

Dazu möchte Ihnen diese Sammlung Mut und Lust machen.

Rolf Krenzer

Religiöse Erziehung – religiöses Erleben

Einbeziehung in den Glauben der Erwachsenen

Religiöses Erleben findet dort statt, wo es gelingt, Kindern den Glauben ihrer Bezugsperson so zu vermitteln, daß sie sich angesprochen fühlen, freudig mitschwingen und mitempfinden, welche Freude dieser Glaube bewirkt, aber auch welchen Trost und Halt er gibt. Gerade das Kindergartenkind bedarf dringend, daß es einbezogen wird in den Glauben seiner Bezugsperson, weil es diesem Menschen vertraut, sich von ihm führen läßt und meist das anerkennt, was dieser sagt oder tut. Religiöses Erleben findet dort statt, wo der Erwachsene, mit dem das Kind täglich umgeht, in seinem Glauben lebt und aus seinem Glauben heraus handelt. Je jünger das Kind im Kindergarten ist, je weniger Rückmeldung zunächst zu verzeichnen ist, um so stärker benötigt es dieses Hineingenommenwerden in den Glauben des Erwachsenen, weil auf dieser Basis erst nach und nach der persönliche Glaube wachsen kann.

Vermittlung religiösen Lebens

Die besten und detailliertesten Pläne und Vorschläge können kein religiöses Erleben bewirken, wenn nicht der Erzieher selbst mit seiner ganzen Persönlichkeit hinter dem steht, was er dem Kind vermitteln möchte. Die Vermittlung religiösen Erlebens steht und fällt nicht mit der methodisch-didaktisch gelungenen Vermittlung von biblischen Inhalten, von Liedern und Texten, sondern allein mit dem religiösen Erleben der Erzieherin. Das Vorschulkind ist in seinem Tun und Lernen, in seinem gesamten Erleben mehr von dem jeweiligen Augenblick und der jeweiligen Situation bestimmt als vom Nachdenken über Vergangenes und Zukünftiges.

Das gemeinsam erlebte Gebet, das freudig gesungene Lied, das mit vielen Sinnen spontan gewagte und gelungene Spiel, das regelmäßige Mitfeiern von christlichen Festen und Gottesdiensten beeindrucken tief, vermitteln Erlebnisse und Erfahrungen, die sich einprägen und weitere Erlebnisse und Erfahrungen in diesem elementaren Glaubensbereich für das Kind selbst wünschenswert machen.

Religiöses Erleben

Geschichten aus dem Alten und Neuen Testament, Texte aus der Umwelt, Gebete und Lieder, Bilder und Spiele sind Angebote, die dann wirklich vermittelt werden, wenn sie – nicht zuletzt durch die eigene Begeisterung der Erzieherin – tatsächlich freudig erlebt, miterlebt werden.

Neben dieser Wunschvorstellung religiöser Erziehung sieht die Wirklichkeit völlig anders aus. Konnte man früher davon ausgehen, daß Kinder in ihrer Familie Grundformen des Betens, des Mitfeierns christlicher Feste und viele weiteren Glaubensinhalte elementar Tag für Tag, Jahr für Jahr erleben konnten, so hat sich diese Idylle völlig geändert.

● **In den Familien spielt praktizierter Glaube kaum noch oder gar keine Rolle mehr. Kinder wachsen nicht in eine glaubende Familie hinein, sondern erfahren Glaubensinhalte, vielfach auch die Bedeutung christlicher Feste, zum ersten Mal überhaupt erst im Kindergarten.**

Man muß das ganz nüchtern sehen: Selbst junge Eltern, die nicht oder noch nicht den Bruch mit der Kirche vollzogen haben, haben in den seltensten Fällen noch irgendwelchen Bezug zu einem Praktizieren christlichen Glaubens in ihrer jungen Familie. Der Besuch des Gottesdienstes ist nach der feierlichen Hochzeit, die meist mit viel äußerlichem Pomp, mit teurem Brautkleid und großem Fest gefeiert wird, damit auch beendet. Vielleicht werden einige dieser Eltern später noch einmal zum Gottesdienst für Schulanfänger mitgehen, weil das eben viele machen und man dem Kind alles bieten möchte, was zum Schulanfang gehört.

Aber sonst spielt sich im Hinblick auf religiöse Erziehung wenig oder nichts ab. Es ist auch kaum Zeit dafür da. Und die Großmutter, die früher vielleicht mit dem Kind noch einmal ein Gebet gesprochen oder eine Geschichte mit religiösem Inhalt erzählt hat, lebt ganz woanders und kommt nur noch gelegentlich. Aber auch die Generation der Großeltern hat bereits ein gebrochenes Verhältnis zur Kirche und zum Glauben. Hier ist also auch selten noch etwas zu erwarten.

Manchmal wird Religion im Fernsehen thematisiert. Vielleicht hat auch irgend jemand dem Kind einmal ein religiöses Buch geschenkt. Das Gebäude der Kirche ist so fremd wie alles, was darin geschieht.

Gäbe es nicht Weihnachten mit seinen Geschenken und den zahlreichen mehr sentimental rührenden als christlichen Bräuchen, mit dem vielen vorweihnachtlichen Klimbim im Fernsehen und in der Werbung, dann wäre selbst der Name dieses Festes sicher in unserer Zeit vergessen wie Himmelfahrt oder Pfingsten. Und in vielen Familien sind es allein die Ostereier, die österlichen Filme und Werbesendungen und die Schokoladeneier und -hasen, die „Ostern" nicht vergessen lassen.

Sehr viele Kinder erfahren im Kindergarten zum ersten Mal etwas von christlichen Glaubensinhalten.

Tatsächlich machen viele Kinder ihre ersten elementaren Glaubenserfahrungen erst im Kindergarten, wenn die Eltern einen konfessionellen Kindergarten gewählt haben und damit einverstanden sind.

Und doch, es gibt immer wieder junge Mütter und Väter, die bewußt gerade zu Weihnachten nach Vorlesebüchern, Bilderbüchern, MCs und CDs mit neuen und alten Weihnachtsliedern suchen und sich darum bemühen, mit ihrem Kind ein wenig von dem zu erfahren, was Weihnachten wirklich für uns bedeutet. Der Umsatz solcher Medien ist Jahr für Jahr extrem hoch, so daß zu den bereits vorhandenen jährlich neue Bücher produziert werden.

Deutlich herausstellen sollte man aber auch, daß es immer noch und immer wieder junge Familien gibt, die ganz bewußt christliche Glaubensinhalte in den Mittelpunkt ihrer jungen Familie stellen und bereit sind, sich in Gottesdiensten und anderen Aktivitäten in der Gemeinde zu engagieren, wenn sie selbst und ihre Kinder hier angemessen berücksichtigt werden. Dies sind Eltern, die bewußt den Fernseh- und Videokonsum ihrer Kinder wesentlich beschneiden, um Aktivitäten unterschiedlichster Art mit der ganzen Familie dagegen zu setzen. Diese engagierten jungen Eltern (vorwiegend Mütter) stehen dabei oft in harter Konfrontation mit der hierarchischen Amtskirche und ihren Vertretern. Es sind die jungen Eltern, die regelmäßig *Publik-Forum* lesen, sehr kritisch mit der verkrusteten Kirche und den Aussagen und Praktiken ihrer höchsten Vertreter umgehen, mögen diese nun in Rom, Fulda oder St. Pölten residieren. Unwahrscheinlich aktive junge Leute, die bereit sind, neue lebendige Formen mit ihren Kindern in Gottesdiensten zu erproben und sich bewußt als „Sand im Getriebe der Kirche“ sehen. Leute, mit denen es sich lohnt, gemeinsam erfahren zu dürfen, was es heißt, Glauben zu erleben. Ich habe diese lebendige Gemeinde immer wieder bis heute erleben dürfen. Sie hat maßgeblich dazu beigetragen, daß auch die Krabbelgottesdienste nun zu einem wichtigen neuen Angebot der Kirche geworden sind, wobei sich die Pfarrer völlig auf das Engagement dieser jungen Eltern verlassen, die immer wieder neue Eltern mit ihren Kindern herbeibringen.

● **Die klassische Familienstruktur hat sich umfassend und manchmal zuungunsten vieler Kinder verändert.**

Statt der Kleinfamilie gibt es jetzt viele Familien, die nur aus Alleinerziehenden mit Kindern oder anderen Formen des (zum Teil zeitlich begrenzten) Zusammenlebens bestehen.

Die Kleinfamilie wird immer mehr zur Ausnahme und ist häufig von anderen Familienmodellen (z. B. Alleinerziehende mit Kind) abgelöst worden. Sehr viele Ehen zerbrechen bereits nach wenigen Monaten oder Jahren. Die Kinder wachsen nur bei einem Elternteil auf und müssen damit fertig werden, daß dieses Elternteil meist auch nur wenig Zeit für sie aufwenden kann, weil alleinerziehende Mütter oder Väter berufstätig sein müssen. Und das reicht – besonders bei den berufstätigen Müttern – gerade eben für ein Existenzminimum. An die Stelle des wirklichen Vaters oder der Mutter treten häufig auch Freund und Freundin des jeweiligen Elternteils bzw. Ersatzvater oder Ersatzmutter.

Einige Kinder sehen ihren wirklichen Vater oder ihre wirkliche

Mutter (wenn denen nun etwas daran liegt) manchmal nur einmal im Monat. Andere haben sie noch nie kennengelernt. Da gibt es Kinder, die sich immer wieder neu mit Freunden oder Freundinnen ihrer alleinerziehenden Elternteile arrangieren müssen.

Gerade die erste unbeschwerte Zeit des Hineinwachsens in das Leben ist inzwischen für manch ein Kind bereits zu einer Zeit des sprachlosen Leidens und Nichtverstehens geworden.

● **Aufgrund dieser Veränderungen wird der konfessionelle Kindergarten zum einzigen ersten Glaubensvermittler.**

Diese Funktion wird auch von den Eltern zunehmend mehr erwartet und gewünscht. Vielfach erwarten Eltern, daß ihnen im Kindergarten – wenn es sich um einen konfessionellen Kindergarten handelt – die wichtigsten Glaubensinhalte vermittelt werden. Sie selbst wissen oft zu wenig darüber und können auch dann, wenn sie von ihren Kindern gefragt werden, nicht immer Antwort und Auskunft geben.

Diese Situation ist in den neuen Bundesländern noch deutlicher, da dort selbst Ostern und die Namen von Jesus oder anderen Menschen aus der Geschichte des Christentums teilweise völlig vergessen sind.

Im Kindergarten werden Kinder immer häufiger zum ersten Mal mit Glaubensinhalten konfrontiert.

Interessant ist, daß von einer Reihe von Eltern, die selbst aus der Kirche ausgetreten sind oder niemals Mitglied einer Kirche waren, der konfessionelle Kindergarten bewußt ausgesucht wird, weil man sich hier ganz besonders christliche Grundhaltungen verspricht, die sich dann im Umgehen mit den eigenen Kindern niederschlagen sollen. Umgekehrt sehen sich viele kommunale Kindergärten veranlaßt, christliche Glaubensinhalte – ganz besonders um Weihnachten herum – wieder aufzunehmen (manche haben sie nie fallen lassen), weil dies die Eltern so wünschen.

Ganz besonders die Zeit zwischen St. Martin bis Weihnachten ist für das, was Kindern an Glaubensinhalten angeboten werden kann, inzwischen von Bedeutung geworden, weil selbst alles vorweihnachtliche Brauchtum (Singen, Musizieren, Erzählen, um den Adventskranz sitzen, Plätzchen backen usw.) in den Familien aus Zeit- und anderen Gründen immer weniger stattfindet. So gehört gerade diese Zeit mit ihrer Geborgenheit, ihrem Warten auf die Geburt Christi, mit all den bunten Bastelarbeiten, mit Kerzen und adventlichem Singen und Spielen, mit dem Ausschmücken des Raums und dem Vorbereiten eines kleinen Krippenspiels, das man den Eltern und anderen vorführen kann, zu den wichtigsten elementaren Situationen überhaupt, in denen Kinder und mit ihnen Erzieherinnen und Erzieher wirklich Glauben erleben dürfen. Eine Zeit, an die sich Kinder vielleicht ihr ganzes Leben lang erinnern.

● Der Kindergarten wird nicht nur von Kindern besucht, deren Eltern aus der Kirche ausgetreten sind, sondern immer mehr auch von Kindern ganz unterschiedlicher Nationalität, Abstammung, Tradition und Religion. Unser Übergang in eine multikulturelle Gesellschaft findet im Kindergarten seinen deutlich sichtbaren Niederschlag.

Unser Übergang in eine multikulturelle Gesellschaft findet im Kindergarten seinen deutlich sichtbaren Niederschlag.

Für viele von uns – die Kinder meistens am wenigsten – ist die Begegnung mit dem anderen, dem Fremden eine schwierige, oft irritierende Erfahrung: Menschen, die uns bisher fremd waren, kommen zu uns, leben mit uns und bringen ihre Kinder zu uns in den Kindergarten. Sie leben mit uns zusammen, sehen anders aus, sprechen anders, kommen aus einer anderen Umwelt- und Lebenssituation und haben eine andere Religion.

Erzieherinnen sind auf diese Situation oftmals nicht vorbereitet und dennoch – ich habe mit Staunen und mit großer Anerkennung für das, was hier von Erzieherinnen und Erziehern geleistet wurde, selbst erfahren, wie schnell und wie gut es vielerorts gelungen ist, diese Kinder zu integrieren.

MC/CD und Lied- und Spielheft: „Fremde werden Freunde“, Kontakte-Musikverlag, 59558 Lippstadt, Holtackerweg 21. „Wenn ich bei Desta wär“ in MC/CD/Liedheft: „Tag für Tag, Jahr für Jahr“, Peter Janssens Musik Verlag, 48291 Telgte, Am Jägerhaus 8.

Unterstützung gab auch beispielsweise die katholische Kirche mit ihrer großen, von allen katholischen Kindergärten gern aufgenommenen Aktion „Fremde werden Freunde“. Zu diesem Thema konnten Bilder gestaltet und eingeschickt werden, für die es zum Schluß eine große Veranstaltung in Würzburg und viele Preise gab u. a. eine MC bzw. CD mit dem gleichen Titel der Aktion, die viele neue Lieder zum gegenseitigen besseren Kennenlernen und Miteinander-Umgehen anbietet.

In einer ebenso großen Aktion gab es kostenloses gut gestaltetes und ebenso methodisch-didaktisches Arbeitsmaterial über die Situation von Kindern in Afrika, die speziell an der Lebenssituation der kleinen Desta aufgezeigt wurde. Dazu entstand das Lied „Wenn ich bei Desta wär“, das viele Möglichkeiten zu weiteren Aktionen im Kindergarten anbot.

Daß solche Themen eine religiöse Dimension haben und daß es ganz besonders wichtig ist, sie mit allen Kindern, die den Kindergarten besuchen, in den Mittelpunkt zu stellen, steht außer Frage.

Aber wie verhält es sich mit den anderen Themen, die bisher den wesentlichen Inhalt der religiösen Erziehung bildeten (Geschichten aus dem AT und NT, entsprechende Spiele und Lieder dazu, christliche Feste usw.)?

Bei vielen traditionellen und von der christlichen Religion abstammenden und inspirierten Kindergartenbräuchen können Andersgläubige teilnehmen und mitmachen, weil sich ihr Ursprung mit anderen vermischt hat und sie eben übliche Situationen der Lebenswelt des Kindergartens hier bei uns darstellen.

Ganz anders ist es allerdings, wenn wirklich christliche Inhalte den Kindern nahe gebracht werden sollen. **Grundsätzlich gilt es zu bedenken, daß der Kindergarten kein Betätigungsfeld für verhinderte Missionarinnen und Missionare ist!**

Kinder, deren Eltern keine Christen oder Kirchenmitglieder sind, sollen nicht gegen den Willen der Eltern „missioniert" werden.

Wir haben nicht das geringste Recht, nur weil sie noch Kinder sind und sich nicht dagegen wehren können, Buddhisten, Hinduisten, Moslems, Juden u. a. in unsere religiöse Erziehung miteinzubeziehen. Lediglich mit ausgewählten Geschichten des Alten Testaments können wir auch Juden und Moslems ansprechen. Die heiligen Geschichtsrollen gehören ja den Juden und sind nur von den Christen recht bald als ihr Altes Testament einverleibt worden. Für die Moslems stellen viele dieser Geschichtsrollen – manchmal aus einer anderen Sicht als die der Juden und der unseren – ebenfalls heilige Schriften dar, wobei Isa Ben Mariam, also Jesus, auch als ein Prophet anerkannt ist, dem aber der eigentliche Religionsgründer Mohammed folgt.

Wenn die Möglichkeit der Wahl eines anderen Kindergartens besteht, in dem sie gemäß ihrer Religion unterwiesen werden können, sollten diese Kinder in jedem Fall diesen Kindergarten besuchen. Aber diese Fälle sind noch äußerst selten.

Sind sie bei uns im Kindergarten, dann sind wir häufiger dazu gezwungen, wenn wir eine stärker gezielte Glaubenslehre anbieten möchten, die Kinder zu trennen. Die einen erleben an sich selbst, was es mit dem christlichen Glauben auf sich hat, freudige Stunden, die von den Kindern gern aufgenommen werden. Und die anderen erleben andere Angebote (Geschichten, Spiele, Lieder usw.), die ihnen ebenso viel Freude bereiten. Daß eine der anderen Gruppe ihre Lieder vorsingt usw., bleibt davon unberührt.

Wenn dieses, was fraglos richtig ist, in jedem Kindergarten praktiziert werden muß, dann kann der jeweilige Träger – in unserem Fall die Kirche – seine Erzieherinnen, die sowieso bereits in und mit überfüllten Gruppen arbeiten müssen, nicht im Stich lassen, sondern muß zusätzliche Erzieherinnen einstellen, damit Gruppenbildungen überhaupt möglich sind.

Alle Eltern bezahlen ihren Kindergartenbeitrag. Dieser schließt auch mit ein, daß ihre Rechte im Kindergarten wahrgenommen werden. Und dazu gehört auch die oben geschilderte Situation.

Allerdings kann die Tradition des konfessionellen Kindergartens nicht deshalb aufgegeben werden, weil mehr anders- oder nicht mehr gläubige Kinder hinzukommen. Das Erleben unseres Glaubens bezieht sich nicht auf dafür bestimmte Stunden – das müssen sie hinnehmen, da dies eben die Voraussetzung und Grundlage konfessioneller Kindergärten darstellt, ohne die es hier in der täglichen Praxis nicht geht.

Alle Ziele religiöser Erziehung im Kindergarten lassen sich aus dem alltäglichen unmittelbaren Erfahrensbereich ableiten und werden bestimmt von dem Erleben des Tagesablaufes. In der Begegnung mit der nächsten Umwelt werden elementare soziale Verhaltensweisen deutlich und bewußt. Gebete und Lieder, die hier gesprochen und gesungen werden, haben aktuellen Bezug. Nach meinem Verständnis muß hier religiöse Erziehung versuchen, dem Kindergartenkind in für es bedeutsamen Lebensbereichen mögliche religiöse Dimensionen aufzuzeigen und ihm so zu einem begründeten Selbst- und Weltvertrauen zu verhelfen. Eine Stärkung seines Glaubens bedeutet auch für das Kind eine Selbststärkung. Religiöse Erziehung im Kindergarten setzt voraus, daß sich das Evangelium nicht nur über das Wort, sondern vor allem durch das Tun am und mit dem Kind vollzieht. Dies bedingt ebenfalls, daß das Kind in religiöse Lebensformen einbezogen wird und es diese miterleben darf, daß ihm Gott als unser Vater immer bekannter und vertrauter wird. Gemeinsam mit seinem Erzieher bzw. seiner Erzieherin soll es Wege finden können, wie es wachsen und sinnvoll leben kann. Das kann dadurch geschehen, daß ihm auf freudig erlebte Weise Möglichkeiten der Einübung erschlossen werden, die ihm helfen können, sein Leben nach und nach bewußter zu erleben, besser zu verstehen. So steht das Einüben christlicher Grundhaltungen durch gemeinsames gläubiges Tun immer wieder vorrangig vor der Unterweisung. Katechetische Feiern mit Erzählen und Beten, mit Singen und Musizieren, mit Schauen und Betrachten mit Rollenspielen und kultnahen Handlungen und auch mit Essen und Trinken können zentrale Inhalte des Glaubens erlebnismäßig nahebringen, somit Religion, Glaube erleben lassen.

Einüben christlicher Grundhaltungen

Die wichtigste Forderung, die an die religiöse Erziehung im Kindergarten gestellt werden muß, ist, daß das Kind den elementaren und aktuellen Grundbezug Gottes zum Menschen und des Menschen zu Gott erlebt und erfährt im täglichen Zusammensein mit seinen Gefährten und Erzieherinnen.

Erlebnishaftes Einbeziehen in religiöse Lebensformen

Hierin sehe ich die große Chance der religiösen Erziehung im Kindergarten, weil durch die Einbeziehung in den Glauben der Erzieherin oder des Erziehers das Kind Freude, Hoffnung und Vertrauen, aber auch Stärke und Trost erleben und erfahren kann, die es selbst hoffen und vertrauen lernen lassen.

Themenbereiche der religiösen Erziehung

In vier große Bereiche ließen sich bisher in der religiösen Erziehung relevante Themen einordnen. Nach ihnen kann sich die Arbeit orientieren. Jeder Bereich für sich beinhaltet einfache und schwierigere Aufgaben, so daß einzelne Teilgebiete bereits mit Dreijährigen verwirklicht werden können, andere älteren und Kindern, die kurz vor dem Schuleintritt stehen, vorbehalten bleiben. Die Erzieherin muß sich allein an den Möglichkeiten der ihr anvertrauten Kindergruppe orientieren und dann selbst entscheiden, was sie anbietet bzw. wegläßt.

1. Themenbereich

1. **Ich lebe nicht allein – ich erfahre mich und die anderen in meiner nächsten und weiteren Umwelt**
   Ich – mein Körper – Vom Morgen zum Abend – Jeder kann etwas – Wir leben nicht allein – Meine Familie – Freunde, Verwandte, Bekannte – Spaß und Streit mit anderen – Am schönsten ist es, wenn wir uns freuen – Manchmal sind wir auch traurig – Jeder hat Wünsche – Jeder kann krank werden – Tiere und Pflanzen leben mit uns – Was mir gehört – Was anderen gehört – Mit anderen leben, Verantwortung für andere übernehmen – Gott kennt mich – Gott beschenkt mich – Ich habe Aufgaben

Neue wichtige Schwerpunkte, die alle angehen

In diesem Themenbereich sind neue wichtige Schwerpunkte zu den bisherigen Inhalten der Glaubenserziehung hinzugekommen und müssen mit Recht immer wieder Kindern nahegebracht werden:
- die Schöpfung erkennen, erleben und erfahren;
- Verantwortung für die Schöpfung und die Geschöpfe übernehmen;
- mit Menschen zusammenleben, die anders sind als ich, und sie als gleichwertige und gleichberechtigte akzeptieren (behinderte Kinder, Kinder, die anders sind, anders sprechen, woanders herkommen usw.;
- gezielte Friedenserziehung;
- Erleben und Erfahren der Stille als Inhalt (gegebenenfalls durch Meditation) in unserer lauten und hektischen Zeit und Umwelt;
- begreifen, daß nur ein sparsames Umgehen mit Rohstoffen usw. und die Bereitschaft mit anderen zu teilen – jetzt, hier und anderswo – und dies auch wirklich zu tun, uns allen in der einen fast

zerstörten Welt vielleicht noch eine, die letzte Chance des Überlebens, des Weiterlebens geben kann.

2. Themenbereich

2. **Kirchenfeste im Jahreskreis**
Erleben der wichtigen Kirchenfeste – Erntedank – Allerheiligen/Totensonntag – Martinstag – Advent – Weihnachten – Heilige Drei Könige – Passionszeit – Palmsonntag – Ostern – Himmelfahrt – Pfingsten – Fronleichnam – Vorbereiten und Feiern wichtiger Feste im Kindergarten, mit den Eltern

3. Themenbereich

3. **Geschichten aus der Bibel**
Von Gott mehr erfahren – Gott der Schöpfer (Schöpfung) – Gott darf man vertrauen (z. B. Noah, Josef) – Von Jesus, Gottes Sohn, erfahren – Wichtige Stationen im Leben Jesu – Jesus und seine Jünger – Ausgewählte Gleichnisse – Jesus ist stärker als der Tod – Christen tragen seinen Namen
(Wichtige Geschichten aus dem Neuen Testament stehen in enger Verbindung mit den Kirchenfesten und werden dort entsprechend eingesetzt.)

4. Themenbereich

4. **Der Gottesdienst**
Kirche/Gotteshaus – Gott hat viele Helfer – Sonntag/Werktag – Feiern in der Kirche – Mit Gott sprechen, Gott danken, Gott bitten

Ehrliche und vertrauende Glaubenshaltung

Die Aufzählung der Themen macht deutlich, daß es sich hier nur um mögliche Anregungen handeln kann. Im Einzelfall muß die Auswahl der jeweiligen Gruppe entsprechend vorgenommen werden. Wichtiger als die genaue Erfüllung vorgegebener Themen ist es, daß der Erzieher so viel Zeit und Ruhe, so viel von sich selbst einbringt, daß er das erlebnismäßig vermittelt, was Inhalt seines Glaubens ist. Wenn er das Kind ernst nimmt, dann nimmt er es auch in seinem Glauben ernst und wird sich bemühen, gerade im Bereich der religiösen Erziehung ihm lebensbedeutsame Haltungen zum Erleben zu bringen.

Etwas muß in unserer heutigen Situation noch ganz besonders bedacht werden:

- **Religiöse Angebote richten sich immer stärker an jüngere Kinder, sprechen bereits den Kleinsten an und finden ihre Ausdrucksformen auch in Krabbelgottesdiensten, an denen oft und immer häufiger (und meist mit viel Freude) die ganze Gemeinde teilnimmt.**

Hier hat sich ein wesentlicher Wandel vollzogen, der nur begrüßt werden kann. Er hat dadurch eingesetzt, daß junge Eltern selbst initiativ wurden, weil sie mit ihren Kindern sonst keine Möglichkeit hatten, den Gottesdienst zu besuchen.

Aus ersten schüchternen Versuchen sind inzwischen viele Gottesdienste gefeiert worden, kurze, bis zu 20 Minuten lange, festliche Gottesdienste mit Kindern und Erwachsenen, in denen religiöses Erleben im Singen und Spielen, im gemeinsamen Tun an allererster Stelle steht. Eine Fülle von Literatur mit vielen geeigneten Materialien wird bereits für solche Krabbelgottesdienste mit den Allerjüngsten angeboten.

Ich kann diese Entwicklung nur befürworten und unterstützen, weil sich gerade aus der Elternschaft solcher Krabbelgottesdienstkinder Ihre zukünftigen ansprechbaren Eltern und Partner in der Glaubenserziehung im Kindergarten rekrutieren. Eltern, auf die Sie sich auch hier verlassen können, die mit Ihnen planen und gestalten, Gottesdienste möglich machen und Sie aufrichten, wenn Sie manchmal verzweifeln.

Krabbelgottesdienste gründen sich wesentlich auf die Geschichte von Jesus und den Kindern, die hier beim Wort genommen und in die Tat umgesetzt wird.

Literatur zum Thema Krabbelgottesdienste bzw. religiöses Erleben mit den Kleinen in der Gemeinde
– Manfred Hilkert: Wir sind die Kleinen in der Gemeinde, Verlag Ernst Kaufmann, Lahr 1995.
– Rolf Krenzer: Wir kleinen Menschenkinder, Menschenkinder Verlag, Münster 2. Auflage 1993.

„Jedes Kind, mag es auch noch so klein sein, ist von Gott eingeladen! Jedes Kind hat das Recht, aktiv und direkt am Gottesdienst teilzunehmen. Wenn an unserem Gottesdienst Kinder teilnehmen, muß er so gestaltet und ausgerichtet werden, daß er Kinder und Erwachsene in gleicher Weise berücksichtigt und anspricht.“ [Rolf Krenzer; Krabbelgottesdienste und religiöses Erleben mit kleinen Kindern werden ausführlich dargestellt mit vielen neuen Lied-, Spiel-, Gebet- und Geschichtenangeboten, in: Rolf Krenzer: Wir kleinen Menschenkinder – Neue religiöse Kinderlieder, Spiele, Geschichten, Verse, Gebete und Anregungen für die Praxis, Musik: Detlev Jöcker, CD, MC und Buch, Menschenkinder Verlag, 48157 Münster.]

- **Religiöse Erziehung beginnt somit bereits im Krabbelalter, hat ihren Schwerpunkt im Kindergarten und in den ersten Jahren der Grundschule. Sie endet meistens mit der Kommunionvorbereitung, die von Jahr zu Jahr für die damit betrauten Personen (Mütter usw.) schwieriger wird, und mit der Kommunion selbst.**

Danach kann das religiöse Interesse abflauen und enden, so daß die Firmung immer mehr an Bedeutung für die Jugendlichen verliert. Die Konfirmation liegt sowieso – und das weiß die evangelische Kirche seit vielen Jahren, ohne daß sie, der Kommunion angepaßt, früher gelegt wird – viel zu spät und lockt nur noch wenige an. Allerdings spielen die Geldgeschenke zu diesen Anlässen eine nicht zu vergessende wichtige Rolle. Sowohl in der protestantischen wie auch in der katholischen Kirche bleibt in den einzelnen Gemeinden nur noch ein kümmerliches Häufchen der jugendlichen christlichen Aufrechten übrig, dessen Lebendigkeit und Zahl sich nach dem jeweiligen Engagement der Gemeindehirten und ihrer erwachsenen Mitarbeiter richtet.

Problem in der evangelischen Kirche rascher erkannt und gelöst als in der katholischen: Kinderabendmahl – Kinderkommunion.

● Die evangelische Kirche hat sich vielfach aus berechtigtem Grund zu dem Kinderabendmahl bekannt und es wieder eingeführt und in den Familiengottesdienst mit einbezogen. Kinderkommunion in der katholischen Kirche findet bisher nur sehr vereinzelt statt. Es sollte dringend gründlich überdacht werden, sie mit in die Kindermesse, in den Familiengottesdienst einzubeziehen, weil u. a. gerade junge Eltern sonst keine Möglichkeit sehen, noch einmal zusätzlich wegen der heiligen Kommunion zur Kirche zu kommen.

In der evangelischen Kirche wird das Kinderabendmahl inzwischen bereits vielerorts praktiziert. Die katholische Kirche tut sich schwer damit, obwohl hier auch bereits gute Erfahrungen in der Praxis vorliegen, die aber leider noch immer verschämt hinter vorgehaltener Hand weitergegeben werden.

Wenn es auch zunächst so scheint, als haben die beiden folgenden Punkte keine oder kaum Auswirkungen auf die Glaubenserziehung der Kinder im Kindergarten, so wird bei näherer Betrachtung deutlich, daß gerade sie ein bei weitem noch nicht abgeschlossenes Umdenken und Weiterdenken, oft geradezu einen Neuanfang bewirkt haben, der sich hier ganz besonders deutlich niederschlägt und Glaubenserziehung in den ersten Lebensjahren wesentlich beeinflußt.

● Dem Zeitgeist folgend – ohne die jeweiligen Gründe hier näher beschreiben und bewerten zu wollen – haben viele Menschen, junge und alte, die Kirche verlassen. Das bedeutet aber keineswegs immer, daß sie der Religion, ihrem Glauben den Rücken gekehrt haben. Sie zahlen keine Kirchensteuer mehr und besuchen in der Regel auch nicht mehr den Gottesdienst. Die übrig gebliebene Gemeinde ist kleiner, vielerorts aber durch diese unbeabsichtigte Schrumpfung lebendiger, aber – Gott sei es gedankt – auch kritischer und aufmüpfiger geworden.

Die oben beschriebenen neuen praktizierten Krabbelgottesdienste und religiöses Erleben auch mit den Allerjüngsten – nicht allein in der gläubigen Familie, sondern ganz gezielt und bewußt in der Gemeinschaft mit anderen Eltern und ihren Kindern – sind wesentlicher Ausdruck dieses neuen Bewußtseins.

Der Konflikt mit der Kirche bricht ganz deutlich mit Kinderkommunion und Kinderabendmahl auf. „Obwohl Christus sich in der Perikope der Kindersegnung ganz eindeutig gegen damalige jüdische Ansichten über Kinder wandte, hat die Kirche diese Ansichten treu und brav übernommen, weil alte und reife Männer es nicht für möglich halten, daß Kinder bereits von Jesus ganz persönlich und direkt dazu eingeladen sind, obwohl sie doch noch keinen (Erstkommunions- und) keinen Konfirmandenunterricht genossen und die Konfirmation (und die Firmung) hinter sich haben." (Rolf Krenzer; Wir kleinen Menschenkinder, a. a. O., Seite 22)

Die denkwürdige Forderung katholischer Oberhirten nach männlichen Ministranten wird ohne besonderen Aufwand einfach umgangen, einmal, weil es nicht einzusehen ist, warum Mädchen den Ministrantinnendienst nicht ausführen dürfen, zum andern, weil es vielerorts auch keine Jungen mehr gibt, die sich dafür regelmäßig zur Verfügung stellen. So kommt es immer mehr zu einem gemeinsamen Ministrantendienst von Mädchen und Jungen.

- **Hierarchische Praktiken und Formen und über Jahrhunderte gültige Glaubensinhalte und -regeln werden durch einer breiteren Öffentlichkeit zugängliche neuere Erkenntnisse von vielen immer mehr hinterfragt und können unter Umständen an Glaubwürdigkeit verlieren.**

Das, was der heilige Vater in Rom meint, ist für viele Praktizierende dieser neuen katholischen Elterngeneration nicht mehr so maßgeblich und wichtig, wie das „von oben" nach wie vor immer noch gemeint wird, wobei der Wunsch eher der Vater des Gedankens sein mag. Nicht überall und immer unbedingt Kirche von unten, aber manch einer, der in der Kirche geblieben ist, ist auch bewußt dort geblieben, weil er sicher ist, daß er nur etwas darin ändern kann, wenn er in der Kirche bleibt. Und als „Sand im Getriebe der Kirche" fühlen sich sicher viele – eine Situation, die von ihnen immer wieder neue Kräfte verlangt, die aber auch ebenso engagiert eingesetzt werden.

Daß der Einfluß der Frauen in der Kirche viel stärker geworden ist, hat ein Nachdenken darüber aufgeworfen, ob wirklich der Frau allein die dienende Funktion in dieser Institution zukommen muß, zumal die Begründung durch die Paulusbriefe immer dünner wird. Vielmehr entsteht der Eindruck, daß sie – da man inzwischen weiß, daß es diesen Paulus nie gegeben hat – total in eine Richtung hin bearbeitete, sogar fingierte, gefälschte Briefe einer frühen Institution katholische Kirche im zweiten Jahrhundert sind, um Macht und Druck auf die Gläubigen – und hier ganz besonders die Frauen – auszuüben, ein Druck, der bis in unsere Zeit noch überall zu spüren ist. [Vgl. Hermann Detering: Der gefälschte Paulus – Das Urchristentum in Zwielicht, Patmos, Düsseldorf 1995.]

Das verzerrte und irrige Frauenbild des Aristoteles, daß ihr nach seiner Sicht etwas fehle und die Frau somit ein unvollständiger Mann sei, wurde im Mittelalter im Gegensatz zu dem Frauenbild Platos vorherrschend. Das war schlimm, denn „so erbte auch die Kirche ein Frauenbild, für das es in der Bibel keine Berechtigung gibt. Jesus war nun wirklich kein Frauenfeind". [Jostein Gaarder: Sofies Welt – übers. v. Gabriele Haefs, München/Wien 1993, S. 142.]

Das Gottesbild christlichen Denkens hat sich gewandelt. Gott ist nicht mehr allein der Mann, der Herr, wie ihn eine Männergesellschaft zwei Jahrtausende lang gepredigt hat. Seine seit Anfang an bestehende weibliche Seite, seine „Mutternatur" ist wieder entdeckt worden und das in aller Konsequenz. Ein Bild Gottes, das eben in diesen zweitausend Jahren bewußt unterdrückt wurde.

Noch vor zehn Jahren gab es keine Einwände, wenn wir mit Kindern gesungen haben: „Du hast uns deine Welt geschenkt! *Herr*, wir danken dir."

Hier wurde der Begriff *Herr* inzwischen ebenso durch *Gott* ersetzt wie in dem Lied „Wer sich auf Gott verläßt, auf Gott, *den Herrn,* allein", in dem es nun heißt: „Wer sich auf Gott verläßt, *ganz auf Gott* allein."

Neues Bewußtsein christlichen Glaubens wirkt bis in die Glaubenserziehung im Kindergarten hinein.

● **Eine auf dieser Basis fundierte religiöse Erziehung unserer Kinder im christlichen Glauben wendet sich von allen angstmachenden und furchteinflößenden, erschreckenden und unterwerfenden Kriterien vergangener Epochen ab und stellt erlebbaren Glauben in direkten Zusammenhang mit Liebe und Geborgenheit, Anerkennung, Zustimmung und ganz direkter zärtlicher Zuwendung:**

Lob

– Ein Lob, weil sich jemand eingesetzt hat, weil er sich Mühe gegeben hat. Damit wird eine Wertschätzung ausgesprochen, die über den Augenblick hinaus sich einprägt, den anderen freudiger werden läßt.

Körperkontakt

– Die Hand geben, in den Arm nehmen, nahe sein. Das braucht jeder als wortlosen Ausdruck des Verständnisses, der Liebe, des Angenommenseins. Er braucht es im Kontakt mit seiner Erzieherin. Er braucht es aber auch als Gemeinschaftserlebnis, als Beziehung des einzelnen zur Gruppe. Aber das Kind braucht es nicht allein. Die Erzieherin braucht es ebenso.

Spiel
- Im Spielen und Helfen erfährt der einzelne eine Selbstfindung ebenso wie eine Befreiung von sich selbst und eine Zuwendung zum anderen.

Aufträge
- Kleine Aufträge und Ämter können Einsicht in Dauer und Verantwortung geben.

Malen und Basteln
- Kreativität, Spontaneität werden beim Malen und Basteln ausgelöst.

Feste und Feiern
- Alles Feiern kann ebenso laut und fröhlich vor sich gehen, wie zu einer wirklichen „Feier" und „Feierlichkeit" einstimmen, also ein Feiern als Zeit-haben, Sich-besinnen und Still-werden.

Trost, Freude
- Den Ausweichtendenzen wie Abwehr, Angst, Frustrationserfahrungen, Tränen, Verlust, Schmerzen und Hilflosigkeit stehen Trost, Hilfe, Versöhnung und das Lachen als Mitteilung von Freude und Fröhlichkeit, als stärkende und helfende Kräfte des religiösen Erlebens gegenüber.

Fröhliche und elementare Glaubenserlebnisse als Basis des Vertrauens zu Gott
Unmittelbares

In einer Welt des Mißtrauens, des Streits, der Angst und der Mutlosigkeit kann Kindern nur dann Hoffnung, Liebe, Mut und Vertrauen gegeben werden, wenn jede Möglichkeit in ihrer Kindheit, in ihrer Kindergartenzeit genutzt wird, um sie erleben zu lassen, was Glaube bedeutet und bewirkt.

Je fröhlicher und elementarer dieses Erleben des Glaubens gerade in dieser kurzen und doch so prägenden Lebensphase ist, um so stärker dürfen wir hoffen, daß es dem einzelnen Kind auch danach gelingen wird, seinen Lebensweg trotz der vielen Widrigkeiten im Vertrauen auf Gott zu meisten, d.h., Gott zur Richtschnur seines Handelns werden zu lassen.

Eine solche Basis kann nicht allein durch das verbale Vermitteln christlicher Inhalte entstehen. Sie wird sich nur dann bilden, wenn das Kind mit seiner Erzieherin Glauben erlebt, d.h., gelebten Glauben verwirklichen lernt.

Möglicher Einsatz unterschiedlicher Medien

Die Kinder im Kindergarten sind in der Regel noch nicht fähig, nur abstrakt vorgetragene Inhalte zu begreifen. So ist es ausgeschlossen, Inhalte ohne den Einsatz von Medien vermitteln zu wollen. Alles bedarf der Veranschaulichung, die – wenn irgend möglich – auf emotionale Weise angeboten werden muß. Deshalb nehmen der direkte Umgang mit den einzelnen Dingen, das direkte Erleben einer Situation, sowie Spiel, Lied und Spiellied eine vorrangige Stellung ein. Hinzu kommen Bilder, Wandfriese, selbsterstellte Wandbilder aus unterschiedlichsten Materialien, die aber nur dann eingesetzt werden können, wenn sie dazu verhelfen, ein Erlebnis zu vertiefen oder in der Erinnerung festzuhalten.

1. Begegnung mit der Realität

Unmittelbares Erfahren religiöse Inhalte auf emotionaler Grundlage

Eindrücke, die auf emotionaler Grundlage mit möglichst vielen Sinnen erfahren werden, haften am stärksten. Deshalb müssen religiöse Inhalte, soweit das irgendwie möglich ist, unmittelbar erfahren werden.

Erleben des Gotteshauses

Kirche und Gottesdienst werden nur dann wirklich vertraut, wenn das Gebäude Kirche mit all den verschiedenen Einrichtungsgegenständen direkt kennengelernt werden darf. Kinder sollten zusehen dürfen, wenn auf der Orgel gespielt wird, es auch einmal versuchen dürfen. Warum die Kanzel meist an einem erhöhten Platz angebracht ist, wird dem Kind dann völlig verständlich, wenn es selbst einmal auf die Kanzel steigen darf und wahrnimmt, daß es von dort aus besser sieht und besser gesehen wird.

Erleben des Gottesdienstes

Taufstein, Altar, Kreuz, Bibel, Glocken, brennende Kerzen und viele Dinge, die zum Gottesdienst gehören, werden dann emotional und tief haftend erfahren, wenn das Kind dabei sein und erleben darf, wie ein Kind getauft wird, was der Pfarrer am Altar tut, wenn es beobachtet, daß seine Erzieherin das Kreuzzeichen macht und vor dem Kruzifix betet, wenn es die Glocken läuten hört oder wenn es selbst als Teil der Gemeinde den Gottesdienst miterlebt, mitbetet, mitdankt und mitsingt.

Wir müssen davon ausgehen, daß viele Kinder, die in unserem Kindergarten sind, aus Familien kommen, denen Kirche und Gottesdienst fremd geworden sind, so daß diese Kinder den Gottesdienst zum erstenmal mit dem Kindergarten erleben.

Hineinleben in die Gemeinde

Gerade hier ist die besondere Verantwortung der Erzieherin zu sehen, die sich trotz und gerade wegen fehlender Voraussetzungen und

Erlebnisse um Möglichkeiten des religiösen Erlebens bemüht. Es wird deutlich, von welcher Bedeutung das „Hineinnehmen in den Glauben der Bezugsperson" für das Kind werden kann, weil es sich von dem Menschen, den es mag und der ihm durch das tägliche Zusammensein so vertraut ist, mitnehmen läßt und so etwas doch noch erlebt werden darf, was ihm sonst vielleicht für immer fremd bleiben kann. Wir wissen, wie wichtig gerade die ersten Lebensjahre im Hinblick auf die Gesamtentwicklung des Menschen sind. Eine freudig erlebte Begegnung mit christlichen Glaubensvollzügen und mit -inhalten läßt diese vertraut werden und gibt entscheidende Hilfestellung für ein positives Einleben in die christliche Gemeinde.

Erleben des Gotteshauses in unterschiedlichen Situationen

Eine Information über die Kirche, Bilder von der Kirche, vom Gottesdienst reichen ebenso wenig aus wie ein einmaliger Besuch. Kinder sollten erfahren und erleben, in welcher Weise sich das Gotteshaus präsentiert, wenn sie es mit ihrer Erzieherin und der Gruppe besuchen, zum Beispiel zu einer Feier (Hochzeit, Taufe), zum Gottesdienst, aber auch dann, wenn man zum stillen Gebet die Kirche betritt und kein Gottesdienst stattfindet.

Dankgebet

Wenn im Dankgebet für Gaben gedankt wird, dann müssen diese auch gegenständlich vorgestellt werden. Besonderen Anlaß kann hier das gemeinsame Frühstück geben, weil wir für all diese Dinge, die wir essen dürfen und die vor uns auf dem Tisch liegen, Gott danken können.

Erleben im Verlauf eines Kirchenjahres

Die Feste des Kirchenjahres bieten viele konkrete Situationen an, die es Vorschulkindern ermöglichen, Inhalte des Glaubens, Handlungen und Traditionen durch einfaches Mittun mitzuerleben und so zu haftenden Erfahrungen zu gelangen: zum Beispiel das Schmücken des Altars zum Erntedankfest, Erntedank im Kindergarten, der Besuch des Friedhofs vor Allerheiligen und Totensonntag, die Vorbereitung einer Weihnachtsfeier.

Christliche Glaubenssymbole

Überall wird das Kind durch reale Begegnung Symbole christlichen Glaubens entdecken, die es zu Fragen und dadurch ausgelösten weiteren Erfahren führen: zum Beispiel das Kreuz auf der Turmspitze, auf dem Altar, im Kirchenraum, auf dem Friedhof, an der Zimmerwand, auf Büchern und Bildern.

Gottes Schöpfung bewußt erleben

Gottes Schöpfung, aber auch die Verantwortung, die Gott uns Menschen für diese Schöpfung übertragen hat, läßt sich nur dann verstehen, wenn Kinder diese Schöpfung bewußt erleben können, d.h., angeleitet werden, sie bewußt zu erleben und zu erfahren: den Baum, der im Frühling seine Knospen trägt, dann Blätter bekommt und diese Blätter im Herbst wieder verliert; die Blumen, die aufblühen, duften, Freude bereiten, Insekten anziehen und dann verblühen; Schnee, in dem man herumtollen kann, den man auf die Hand nehmen kann und der sich dann langsam zu Wasser auflöst; die Sonne, die den Tag bestimmt, die wärmt, aber auch schwitzen läßt; der Regenbogen am Himmel; Tiere mit ihren Jungen; ein Baby im Kinderwagen, aber auch alte Menschen; gesunde und kranke Menschen. Wir wollen das Kind erfahren lassen, daß die Welt, in der es lebt, ein Teil der Schöpfung Gottes ist, so wie es selbst. Diese Schöpfung ist ein Geschenk Gottes an alle Menschen.

Ausführlich dargestellt mit vielen Texten, Liedern, Arbeitsangeboten in: Rolf Krenzer: Deine Welt ist meine Welt – Hilfen zur Umwelt- und Friedenserziehung, Verlag Herder, Freiburg 2. Aufl. 1990. Hierzu gleichnamige MC im Menschenkinder Verlag, 48157 Münster.

Jetzt, wenn es uns so deutlich wie noch nie zuvor ist, wie sehr wir die Schöpfung ruiniert haben, und die vielen Warnzeichen, die von der Schöpfung selbst kommen, nicht mehr zu überhören und übersehen sind, wird die Forderung nach ihrer Bewahrung – wenigstens nach der Bewahrung des noch übriggebliebenen Restes – immer deutlicher und lauter. Natur- und Umweltschutz beginnt hier im Kindergarten, denn nur derjenige, der so früh wie irgend möglich beispielhaft erlebt hat, was Leben und lebendige Umwelt beinhaltet und bedeutet, wird bereit sein, hierfür mit seinem ganzen Engagement einzustehen, wenn er selbst erwachsen geworden ist.

Verantwortung für Gottes Schöpfung – Verantwortung für andere übernehmen.

Bereits das Kindergartenkind soll aber neben den täglichen Erfahrungen, daß wir uns an diesem Geschenk immer wieder neu freuen dürfen, nach und nach lernen, verantwortlich mit dieser Schöpfung umzugehen. Es selbst ist ein wesentlicher Teil dieser Schöpfung; aber auch jede andere Kreatur hat ein Recht auf Leben. Es soll darum lernen, Verantwortung für den anderen zu erkennen und im Bereich seiner Möglichkeiten zu tragen. Leben in dieser Schöpfung bedeutet Freude am eigenen Körper, Freude an dem, was man kann, Freude im Umgang mit der anderen Kreatur und Freude miteinander (z.B. singen, lachen, tanzen).

Gegenseitiges Helfen ist nicht selbstverständlich.

Die reale Situation verdeutlicht auch, daß Menschen füreinander verantwortlich sind. Der Stärkere, der Größere nimmt den Schwächeren, den Kleineren an der Hand, damit er nicht fällt; einer hilft dem anderen; die Mutter bereitet das Frühstücksbrot vor und packt es ein; viele Menschen helfen beim Hausbau, bei Straßenbauarbeiten; beim Bäcker kaufen wir das Brot, beim Metzger die Wurst, im Supermarkt das, was wir zum Essen benötigen; der Arzt kommt, wenn wir krank sind …

Teilen ist unerläßlich, wenn wir überleben wollen.

Gegenseitiges Helfen schließt auch sorgsames Umgehen mit den Rohstoffen (Wasser, Holz usw.) mit ein, vor allem aber ein Rücksichtnehmen auf die Menschen in anderen Teilen der Welt und ein gerechteres Verteilen der lebensnotwendigen Dinge (Lebensmittel usw.), so daß der Egoismus der reichen Völker nicht zum Untergang der ärmeren und armen führt. Und dieses Teilen muß jetzt beginnen, wenn wir diese Erde und die Menschen und Tiere darauf noch retten wollen.

Das Erleben solcher Situationen muß für die religiöse Erziehung bewußt gemacht werden, damit das Kind nach und nach begreift, daß gegenseitige Hilfe nicht selbstverständlich ist. Es soll lernen, sich für ihm angebotene und angenommene Hilfe zu bedanken, aber auch selbst Hilfe anzubieten, wenn sie nötig ist, und es diese Hilfe leisten kann.

Tun ist besser als darüber reden!

Gewiß kann man über diese Inhalte reden. Es gibt auch ein umfangreiches Angebot an entsprechenden Geschichten. Aber konkret erlebbar und erfahrbar wird das nur in der täglichen realen Situation im Kindergarten in der Begegnung mit dem Erwachsenen, dem das Kind vertraut, und den Kindern seiner Gruppe. Pestalozzis Ausspruch: „Erziehung ist Beispiel und Liebe", hat im Hinblick auf die religiöse Erziehung ganz besondere Bedeutung.

2. Modelle der Realität

Modelle als Mittel zu spielerischem Umgehen

Modelle stellen das Original verkleinert, aber doch so plastisch dar, daß Tast- und Sehsinn, auch Hör-, Geruchs- und Geschmackssinn angesprochen werden. Sie ermöglichen vielfach auch ein spielerisches Umgehen, ein Begreifen von Situationen und Dingen und damit ein erlebnishaftes vertiefendes Erfahren.

Ich erinnere mich an einen Jungen, der mit Bausteinen einen gottesdienstlichen Raum nachgestaltete, Spielfiguren auf die Bänke setzte und eine Orgel mit vielen Orgelpfeifen aufbaute. Dann setzte er seine Mundharmonika an den Mund und spielte versunken ganz leise eine wohl in diesem Augenblick entstandene Melodie. Als er wahrnahm, daß ich mich neben ihn setzte, unterbrach er sein Spiel und flüsterte mir zu: „Die Orgel in der Kirche ist so schön!" So hat er ein für ihn sehr wichtiges Erlebnis im Spiel mit dem selbst erstellten Modell verinnerlicht, für sich noch einmal wiederholt.

Figuren als Erzählhilfen

Geschichten aus dem Alten und Neuen Testament lassen sich mit Hilfe von Figuren erlebnishaft erzählen. Dem Kind selbst können solche Figuren als Erzählhilfe dienen, wenn es handelnd damit umgehen kann. Vielseitig verwendbar sind die Figuren der Weihnachtskrippe, die sich beliebig erweitern lassen. Besonders jüngere Kinder fühlen sich angesprochen, wenn man sie um sich herum an den Tisch setzt und die einzelnen Figuren während des Erzählens so aufbaut und bewegt, daß mit ihnen sichtbar für alle das gesprochene Wort wesentlich verdeutlicht wird. Da kann zum Erzählen der Weihnachtsgeschichte der Stall aufgebaut werden, die verschiedenen Gasthäuser, die Maria und Josef keine Unterkunft bieten, können erstellt und auch die Verkündigung der Hirten und die Anbetung der Weisen mit Hilfe der Figuren bis zu einem kleinen Dialogspiel geführt werden.

Einsatz von Bausteinen

Holzfiguren

Holzfiguren lassen sich von Kindern selbst anmalen und zum eigenen Erzählen oder Nachspielen von Geschichten einsetzen. Sie bilden wichtige Merkstützen, zum Beispiel beim Erzählen von Gleichnissen (Gleichnis vom guten Hirten, vom verlorenen Schaf, vom barmherzigen Samariter, vom großen Festmahl, vom guten Vater und verlorenen Sohn).

Viele Modelle lassen sich mit Kindern gemeinsam erstellen, wobei die unterschiedlichsten Materialien eingesetzt werden können.

3. (Video-)Filme

Filme haben sich im Kindergarten niemals durchgesetzt. Der technische Aufwand ist einfach zu hoch, und kaum ein Kindergarten verfügt über eine so gute Verdunkelung, daß das Bild hell und klar zu sehen ist. Sie sind inzwischen von den Videofilmen auch in der Schule und an anderen Orten längst überholt worden.

Filme und Videofilme sind kaum zu empfehlen.

Wer Videofilme einsetzt, muß sich darüber klar sein, daß er seinen Kindern nicht mehr als „Erlebnisse aus zweiter Hand“ anbietet. Es ist ein wesentlicher Unterschied, ob man mit den Kindern zu einem Hühnerhof mit frei lebenden Hühnern, wirklichen Mistkratzern, geht, eine Biene auf einer Blüte beobachtet oder alles – zwar viel größer – im bunten Videofilm sieht. Hinzu kommt, daß die meisten Kinder vom Fernsehen bereits im Kindergartenalter übersättigt und überhaupt nicht mehr in der Lage sind, über einen längeren Zeitraum (fünf bis zehn Minuten) konzentriert zuzusehen. Sie sollten besser darauf verzichten!

Ausnahmen: Es gibt einige Filme, die auf Video überspielt wurden und in lebendiger Weise beispielsweise eine für uns wichtige Geschichte anbieten. Sie kommen leicht an ein Verzeichnis und auch an die Filme selbst, wenn Sie sich an die Film- und Bildstelle des Kreises oder der Stadt wenden, die auch die Schulen mit Videofilmen versorgt und Ihnen bestimmt die entsprechenden Filme ausleihen wird (z.B.: Oscar Wilde: Der glückliche Riese, Leonni: Frédéric, u.a.).

Zweite Ausnahme: Anläßlich einer Wanderung, eines Besuchs, z.B. im Wald, auf einer Wiese, am Bach, auf einem Bauernhof, in der Bäckerei usw. filmen Sie oder eine Ihrer Mitarbeiterinnen, und wir betrachten und vertiefen das, was wir gesehen und erlebt haben, später durch das, was uns der Videofilm noch einmal in Erinnerung ruft.

4. Bilder und Bilderbücher

Bilder und Bilderbücher mit religiösen Inhalten haben – wenn man den religiösen Kitsch von vornherein ausscheidet, den es nach wie vor überreichlich gibt – zu einem beachtlichen Niveau gefunden und bilden in der kleinen Gruppe wesentliche Erzählhilfen. Glaubensinhalte bleiben lange präsent, wenn sie immer wieder aus eigenem Antrieb in den Bilderbüchern nachgeschlagen werden können.

Wegen ihres guten Bild- und Erzählstils haben sich manche Bilderbücher mit christlichen Inhalten sehr lange gehalten – viel länger als die übrigen Bilderbücher mit ganz unterschiedlichen Themen – und sind zu wirklichen Standardwerken geworden, die immer wieder in neuen Auflagen vorliegen.

Bilderfriese aus Bilderbüchern haben sich in der Praxis bewährt.

Manche Bilder daraus sind so überzeugend gestaltet, daß es sich durchaus lohnt, die Bücher mehrmals anzuschaffen und zwei zu zerschneiden, so daß beispielsweise zu den erzählten oder vorgelesenen Bilderbuchgeschichten nach und nach ein Bilderfries an der Wand entstehen kann, wenn sie nebeneinander aufgehängt werden. Weil hierbei oft Vor- und Rückseite benötigt werden, braucht man in der Regel zwei gleiche Bilderbücher dazu. Solche Bilderfriese können entstehen zu den wichtigen Stationen im Leben Jesu, zu den wichtigen Kirchenfesten, zu ausgewählten Themen wie Schöpfung – Bewahrung der Schöpfung – die Arche mit den vielen Tieren – Kinder in anderen Ländern usw.

Hier läßt sich auch das Material, das regelmäßig vom Bischöflichen Hilfswerk Misereor herausgegeben wird, gut einsetzen. Auch mit den Kindern zusammen können große Bilder gemalt und dann für einen Bilderfries verwendet werden.

Empfehlenswerte Bilderbücher zur religiösen Erziehung, die leicht zu beschaffen sind.

Empfehlenswerte Bilderbücher, die zu Standardwerken geworden und leicht zu beschaffen sind:

- Kees de Kort: Reihe: Was uns die Bibel erzählt, Württembergische Bibelanstalt, Stuttgart [Prägnante Bilder zu einzelnen Geschichten des AT und NT mit sehr einfachen Texten, viele der Bücher auch als Dia-Serien erhältlich.]
- Heinrich Euler/Rolf Krenzer: Ihr Hirten, lauft zum Stall. Echter, Würzburg 1993.
- Heinrich Euler/Rolf Krenzer: Steigt in Noahs Arche ein. Echter, Würzburg 1994.
- Heinrich Euler/Rolf Krenzer: Du hast uns deine Welt geschenkt. [Schöpfung/Verantwortung für die Schöpfung]
- Heinrich Euler/Rolf Krenzer: Die Ostergeschichte. Echter, Würzburg 1995. Die Reihe wird fortgesetzt.
  In allen vier Bänden dieser Reihe, die sich an jüngere und ältere Kindergartenkinder wendet, wird in farbigen Bildern mit vielen Details und vom Text elementar und gradlinig in ganz einfachen Versen die jeweilige Geschichte erzählt. Den Versen ist eine einprägsame Melodie (Peter Janssens, Detlev Jöcker) beigegeben, so daß das Bilderbuch gleichzeitig dazu anregt, mit Hilfe des Spiellieds die dargestellte Geschichte auch in ein immer wieder wiederholbares Spiel umzusetzen, das man mit wenig Mühe auch einmal an einem Elternnachmittag, bei der Weihnachtsfeier usw. aufführen kann.
- Jane Ray: Die Weihnachtsgeschichte, Herder, Freiburg 4. Aufl. 1994. [Ganz ohne Text – der ist ja auch hinlänglich bekannt –, dafür aber wird die Weihnachtsgeschichte in wunderschönen klaren, farbigen Bildern erzählt.]
- Brian Wildsmith: Die Ostergeschichte, Bohem Press, Zürich 1994. [Tröstend für Kinder: Auf den Bildern wird deutlich, daß Gott Jesus nicht allein läßt, sondern Gottes Engel immer um ihn sind. Wohl eines der besten Osterbücher, die es überhaupt gibt.]
- Irmgard Guhe/Rolf Krenzer: Torsten und der Nikolaus, Echter, Würzburg 1994. [Der kleine Torsten findet den Nikolaus tatsächlich. Dabei stört es überhaupt nicht, daß dieser Nikolaus ein alter Mann ist, der mit seiner Familie aus Rußland nach Deutschland gekommen ist.]
- Elisabeth Reuter/Rolf Krenzer: Sebastian reist nach Sansibar, Echter, Würzburg 1995.
- Elisabeth Reuter/Rolf Krenzer: Drache, kleiner Drache, Echter, Würzburg 1993. [Sebastian erlebt auf seiner Reise mit dem Sansibär Leid und Not, Armut und Hunger, Angst, Krieg und Gewalt, aber auch Liebe und Geborgenheit. Das, was Kinder im Fernsehen erleben und nicht verkraften können, wird hier festgehalten und bietet so die Möglichkeit des Gesprächs und der Überwindung von Ängsten, weil sie endlich einmal ausgesprochen werden können – der Drache Wladimir tröstet

einen krebskranken kleinen Jungen. Anregungen zu Gesprächen über Krankheit, Leid und Tod.]
- Leo Tolstoi: Schuster Martin, Brunnen, Gießen. [Die bekannte weihnachtliche Geschichte aus dem alten Rußland findet auf der gleichnamigen CD und MC bei Brunnen/Abakus eine spielerische und musikalische Gestaltung, die inzwischen bereits von vielen Kindergärten als Weihnachtsspiel mit viel Freude aufgeführt wurde.]
- Die wichtigsten Geschichten aus dem AT und NT bringt eine Bilderbuchreihe des Lahn-Verlags in Limburg. Eine ganz neue und Kinder sehr ansprechende Art der Bildgestaltung hat Constanza Droop hier in vielen großformatigen Farbbildern verwirklicht. Es liegen vor:
  - Der barmherzige Vater
  - Jesus wird geboren
  - David – Ein Hirtenjunge wird König.
  - Jona [Die Reihe wird jährlich mit zwei weiteren Bänden fortgesetzt.]

MCs mit Geschichten zum AT und NT u. a. religiösen Themen

Die Texte stammen aus der „Treffpunkt-Kinderbibel“ (NT) und „Gottes Werke sind wunderbar“ (AT), ebenfalls im Lahn-Verlag, Limburg. Hier sind auch die Treffpunkt-Cassetten erschienen, die in einfacher Sprache und mit vielen modernen Liedern die wichtigsten Geschichten aus dem Neuen und Alten Testament erzählen, daneben weitere Cassetten mit Geschichten zu speziellen Themen, z. B. Mutgeschichten, Geschichten vom Verzeihen, Geschichten von Kindern aus anderen Ländern mit Titeln wie „Du kannst wieder froh sein“, „Wenn Bulu etwas zu essen hätte“ u.v.a.

Es gibt auch eine Reihe recht brauchbarer Dia-Serien mit Textbeilagen und Toncassetten, außerdem Transparentbilder, die mit dem Tageslichtprojektor eingesetzt werden können, aber grundsätzlich läßt sich sagen, daß selbsthergestellte Dias, auf denen die Kinder selbst zu sehen sind, den Vorzug haben. Hier können nämlich die Dinge im Bild noch einmal gezeigt werden, die die Kinder selbst in der Realität gesehen, betastet und an ihrem eigenen Platz gesehen haben.

Beispiele

- Der Altar in der Kirche der Heimatgemeinde, die Kanzel, der Taufstein, die bunten Kirchenfenster, die Kerzen, die Heilige Schrift, das Kreuz, das Tabernakel mit dem „ewigen Licht“, die Orgel, das Kirchenportal, der Opferstock, die Kirche von außen.
- Weitere Bildinhalte: Ich in der Kirche, meine Gruppe in der Kirche, wir vor der Kirche, andere Gottesdienstbesucher, der Pfarrer, der Kantor an der Orgel, ein Kind wird getauft, Hochzeit, Kommunion usw.
- Aber auch: Helfer in der Gemeinde bei ihrem Dienst; meine Geschwister; meine Eltern; meine Großeltern; Feiern von Festen in der Familie/in der Gemeinde; als ich krank war usw.

Bilderbücher liegen zu allen wichtigen Inhalten vor. Sie bieten dann besondere Erlebnisinhalte, wenn sie sich in ein Spiel umsetzen lassen, das durch die Bilder über den Text hinaus noch Akzente erhält.

Erlebnissituationen aufspüren

Erfahrungen mit dem Glauben macht das Vorschulkind vorrangig und verinnerlicht dann, wenn es diesen Glauben „erlebt“. Wir sollten uns deshalb immer wieder erneut darum bemühen, solche Erlebnissituationen zu finden, in denen wir selbst uns so geben dürfen, wie wir sind, und die uns anvertrauten Kinder ebenso nehmen dürfen, weil wir uns in unserem Glauben von Gott angenommen und getragen wissen.

5. Singen und Spielen

Emotionale Zuwendung als wesentliche Voraussetzung der Haltungs- und Gemütsausbildung

Wesentliche Ziele der religiösen Erziehung sind darin begründet, daß jeder von uns – Kind wie Erwachsener – immer wieder erfährt, daß er mit allem, was er kann und nicht kann, von Gott angenommen ist und daß er sich jederzeit und überall darüber freuen darf. Religiöse Erziehung findet somit nicht im Gottesdienst und in der „religiösen Unterweisung“ allein statt, sondern überall dort, wo sich das Kind in den Glauben seiner Bezugsperson hineingenommen fühlt und mit ihr gemeinsam erlebt und erfährt, was glauben, vertrauen, einander annehmen, trösten, loben und danken bedeutet.

Eine Haltung und Gemütsausbildung kann sich nicht abstrakt, sondern nur in der Beziehung zu anderen Menschen ausbilden. Wesentliche Voraussetzung stellt hierfür eine emotionale Zuwendung dar.

Lieder, Spiellieder, Spieltänze

Wenn sich Kinder gerade von Familiengottesdiensten und von religiösen Inhalten im Kindergarten so stark angesprochen fühlen und aktiv freudig mitmachen, liegt das nicht zuletzt daran, daß durch den immer stärker werdenden Einsatz von Liedern, Spielliedern und Spieltänzen Möglichkeiten gefunden wurden, einander näher zu kommen. Hier liegt eine Möglichkeit, sich nicht nur kognitiv, sondern emotional und körperhaft zu begegnen und einmal gelernte Lieder und Liedinhalte durch die freudig gewünschte Wiederholung vertrauter und beliebter zu machen.

Lieder, Spiellieder und Spieltänze erfüllen dabei unterschiedliche Aufgaben:

Glaubensinhalte im Singen und Spielen erleben

- Erleben und erfahren, daß wir etwas können, daß wir von Gott angenommen sind und von den Menschen, die sich mit uns gemeinsam freuen, die mit uns singen, tanzen und spielen; daß wir uns alle gemeinsam freuen dürfen, weil Gott uns lieb hat;

Lieder zur Bibel:

1. Sammlungen: Wenn wir uns die Hände reichen (Lieder zur Bibel), Kath. Bibelwerk 1996
Das große Liederbuch von Rolf Krenzer, 1993, Gottes guter Segen, 1994, beide Lahn-Verlag, Limburg
Das Liederbuch zum Umhängen, Menschenkinder-Verlag, Münster
Weil mich Gott so mag, impulse, Drensteinfurt 1992
Jesus lädt die Kinder ein, Musikbär, Schriesheim 1993
2. MCs und CDs: Wenn wir uns die Hände reichen, Kontakte, 59558 Lippstadt, Kommt alle und seid froh, Tag für Tag, Jahr für Jahr Josef zwischen Wohlstaat und armewelt, Noah unterm Regenbogen, alle Peter Janssens, 48291 Telgte,
Das große Liederbuch zum Umhängen, Wir kleinen Menschenkinder, beide Menschenkinder, 48157 Münster
Jesus lädt die Kinder ein, Musikbär, 69198 Schriesheim
3. Gebetslieder:
Schlaf- und Kuschellieder und Buch: Komm, kuschel dich ganz nah an mich, 65549 Lahn-Verlag, Limburg
Schlaf ein, mein Bärchen, Jeder Tag ist ein Geschenk, Gottes guter Segen, alle Abakus, 35753 Greifenstein.
Halte zu mir, guter Gott. Impulse, 48309 Drensteinfurt

- sich einbezogen fühlen in den Glauben des anderen, der mit uns singt, und dabei Vertrauen erfahren und Vertrauen geben, d.h., auch im Lied, im Spiellied und Spieltanz christliche Glaubensinhalte wie Freude, Trost, Hoffnung mit allen Sinnen erleben und erfahren können;
- Inhalte des Alten und Neuen Testamentes durch das Spiellied und das Singspiel erlebnishaft aktuell erfahren und auch wiederholen, wobei Geschichten dann zum wirklichen Erlebnis werden, wenn sie in ein Spiel umgesetzt werden können;
- erleben und erfahren, daß wir auch im Lied mit Gott sprechen können, daß ein Lied ein Gebet sein kann, ein Dank- und Bittgebet oder ein Lied des Lobens und Preisens, so wie der Psalmist einst zu Gottes Lob gesungen hat und seine Gebete in den Psalmen Gott vortrug.

Erleben und erfahren, daß wir etwas können und uns freuen dürfen, weil Gott uns liebt.

Das Spiellied fordert zum spontanen Mitsingen und Mitspielen geradezu heraus. Seine Melodie ist so einfach, daß sie sehr schnell aufgenommen und mitgesungen werden kann, meist bereits bei der ersten Wiederholung. Auch der Text, der in den weiteren Strophen zum gestischen, mimischen und pantomimischen Mittun auffordert, bereitet keine Schwierigkeiten. Oft wird immer wieder der gleiche Text gesungen, wobei sich nur die Bewegungen von Strophe zu Strophe ändern. Andere Spiellieder variieren in ihren folgenden Strophen nur um ein Wort oder mehrere. Strophenspiellieder haben einen von allen gesungenen Refrain. Die Strophen selbst bieten vom Text her die Anregung, das, was erzählt wird, sogleich in ein Rollenspiel umzusetzen. Text und Melodie sind damit so einfach, daß sie sogleich aufgenommen und behalten werden. Ich erlebe es sehr oft, daß Kinder – ohne das Spiellied vorher gekannt zu haben – bereits beim ersten Vorstellen sofort mitsingen, mitsummen und mitschwingen. Ebenso einfach sind die Spielaufgaben, die sich allein nach den Möglichkeiten jedes einzelnen Mitspielers richten.

Ein Beispiel mag dies verdeutlichen:

Mit Dreijährigen sitzen wir jeden Morgen im Kreis. Wir ziehen die Vorhänge zu und zünden eine Kerze an. Dann beginne ich, ein ganz einfaches Morgenlied zu singen:

Spiellied als elementare Anregung zur eigenen Spontaneität und Kreativität

Aus MC und Liedheft: „Ich schenk' dir einen Sonnenstrahl", 1985. Rechte im Peter Janssens Musik Verlag, 48291 Telgte.

Ich sag' dir guten Morgen Text: Rolf Krenzer Musik: Peter Janssens

Ich sag dir GUTEN MORGEN
und winke noch dazu.
Dann winkst du heute morgen,
genau wie ich es tu.

Ich sag dir GUTEN MORGEN
und nicke noch dazu.
Dann nickst du heute morgen,
genau wie ich es tu.

Ich sag dir GUTEN MORGEN
und klatsche (stampfe, blinzle
usw.) noch dazu.
Dann klatschst du heute morgen,
genau wie ich es tu.

Ich sag dir GUTEN MORGEN
und streichle dich dazu.
Du streichelst mich heut' morgen,
genau wie ich es tu.

Ich sag dir GUTEN MORGEN
und drücke dich dazu.
Du drückst mich heute morgen,
genau wie ich es tu.

Ich sag dir GUTEN MORGEN
und kitzle dich dazu.
Du kitzelst mich heut' morgen,
genau wie ich es tu.

Gott schenkt uns diesen Morgen,
weil er uns gerne mag.
Wir danken für den Morgen
und bitten für den Tag.

Variation:

Ich sag dir GUTEN ABEND,
und lach dir freundlich zu.
Dann sagst du GUTEN ABEND?
genau wie ich es tu.
Ich sag dir GUTEN ABEND
und winke noch dazu.
Dann winkst du heute Abend,
genau wie ich es tu.
... wie oben ...
Gott schenkt uns diesen Abend,
weil er uns gerne mag.
Wir danken für den Abend
und für den guten Tag.

Die Kinder mögen dieses Lied deshalb sehr, weil sie genau wissen, daß jeder von ihnen zu einer winzigen Spielaufgabe aufgefordert wird. Manche zappeln vor Aufregung, weil sie ganz schnell drankommen möchten. Ich beginne mich einem Kind zuzuwenden, gehe auf es zu, gebe ihm die Hände und lache es an. Und gleich strahlt ein Lachen zurück. Dann nehme ich das Kind an der Hand und gehe mit ihm zu einem anderen Kind im Kreis. Diesmal wird eine andere Bewegung eingesetzt, die meist vom Kind selbst vorgeschlagen wird. So kommt jedes Kind am Morgen einmal dran, erfährt direkte Zuwendung und tut etwas, was ihm selbst Freude macht. Und zunehmend sicherer singen die Kinder mit. Zum Schluß stehen wir alle Hand in Hand im Kreis und singen gemeinsam. Das Lied ist zu einem festen Ritual geworden, in dem sich das Kind angenommen und geborgen fühlt und es darum jeden Morgen wieder erleben möchte. Nach einer Zeit kann das Lied durch ein anderes Morgenlied ausgetauscht werden. Wichtig ist, daß jedes Kind im freudig gesungenen Lied direkte Zuwendung erfährt. Es wendet sich ebenso direkt den Mitspielern und der Erzieherin zu, die während des Singens mit im Kreis herumgeht und jedes einzelne Kind berührt und zum Spiel auffordert und dann, wenn sie zum nächsten Kind weitergeht, es nicht ohne ein herzliches Lächeln, ein Drücken verläßt. Sie selbst fühlt sich in dieser Atmosphäre angenommen und geborgen, deshalb ist ihre Zuwendung ehrlich und dem Kind vertraut.

Beim einfachen Spiellied können weitere Strophen spontan erfunden und gleich gesungen werden.

Ein solches Lied kann durch viele Strophen aus dem Stegreif erweitert werden, so daß für jedes Kind eine Spielaufgabe daraus abzuleiten ist. Es bietet vom Text her ein schlichtes Gerüst und regt die Mitspieler dazu an, eigene Ideen einzubringen und gemeinsam zu verwirklichen, so daß so viele Strophen gesungen werden, wie Kinder im Morgenkreis sitzen. Wichtig ist allerdings, daß derjenige, der das Lied vorstellt, sich selbst mit lauter Stimme und mit viel Spielfreude einbringt, vor allem, daß ihm das Lied selbst Freude macht. Da das Singen und spielerische Gestalten auf einer ganz einfachen Ebene erfolgen darf, kommen Hemmungen gar nicht auf. Keiner fühlt sich von den Anforderungen, die Lied und Spiel an ihn stellen, überfordert. Wir haben solche Lieder in Gottesdiensten verwendet und erfahren, daß in ganz kurzer Zeit Kinder, Jugendliche und Erwachsene mitsangen und dann, wenn sie dazu aufgefordert wurden, den einfachen Spielanregungen spontan nachkamen. Und das, ohne daß ihnen das Lied vorher bekannt war.

Es sollte, wenn Kinder aus anderen Ländern in der Gruppe sind, nicht bei einem deutschen Morgenlied bleiben. Einfache neue Lieder greifen die unterschiedlichen Sprachen auf und können erfolgreich hier eingesetzt werden:

Aus MC/Liedheft: „Ein kleiner Spatz von irgendwo", Rechte im Peter Janssens Musik Verlag, 48291 Telgte.

Hello und Grüezi

Text: Rolf Krenzer Musik: Peter Janssens

2
Wir wünschen Guten Morgen,
weil das jeder mag.
Wir wünschen Guten Morgen
und einen guten Tag.

3
Wir sagen uns was Liebes,
müssen wir jetzt gehn.
Wir sagen uns was Liebes
und dann Auf Wiedersehn.

Refrain 2
Servus, Nu pfüat di!
Mach's gut, So long, Ade!
Addio, Sayonara,
gehab dich wohl, Olé!

Refrain 3
Tschau, tschau und Güle, güle,
Adieu, mußt du schon gehn?
Kiek wedder in, Aloha,
Bye, bye, Auf Wiedersehn!

Einfache Tänze
Tanzlieder auf MC: Dreh dich wie ein dicker Bär, Musikbär, Schriesheim und Lahn-Verlag, Limburg. Heute tanzen Sonne, Mond und Sterne, Musikbär, Schriesheim und Lahn-Verlag, 65549 Limburg.

In ähnlicher Weise lassen sich auch einfache Tänze einsetzen. Voraussetzung ist, daß die Tanzaufforderungen so einfach sind, daß sie von allen auf eine ihnen mögliche Weise und mit der Hilfe anderer verwirklicht werden können.

Um mit dem ganzen Körper mein „Halleluja" zu sprechen, also auszudrücken, wie sehr ich Gott liebe und ehre, ihn lobe und preise und ihm für alles dankbar bin, was er mir Tag für Tag schenkt, läßt sich beispielsweise der folgende Halleluja-Tanz allein nach den Bedürfnissen der Kinder ausrichten, die ihn tanzen wollen. Er kann „im Sitzen" getanzt werden, man kann dazu klatschen, stampfen und patschen, sich die Hände geben, im Kreis gehen, wild herumtanzen und sogar in die Luft springen. Wichtig allein ist, daß jeder einzelne, der mitsingt und mittanzt, etwas von der Freude erfährt, die ein so fröhliches Halleluja bei allen auslösen kann.

Halleluja-Tanz

Text: Rolf Krenzer Musik: überliefert aus Finnland

MC und Liedheft: Ein Regenbogen bunt und schön, Abakus, Greifenstein/Lahn-Verlag, 65549 Limburg.

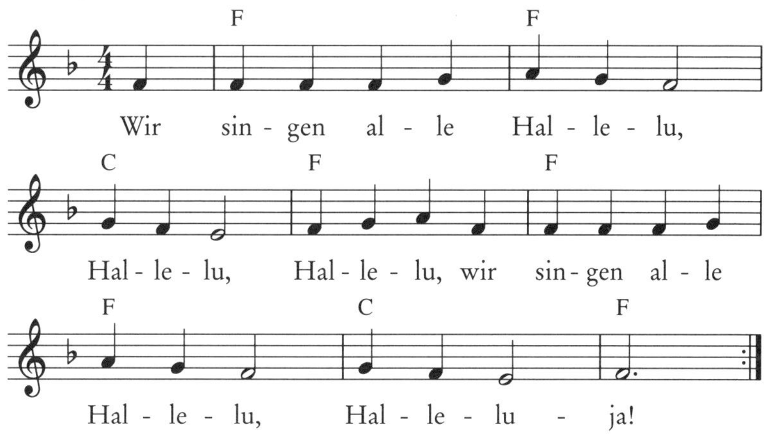

Wir tanzen alle ...
Wir klatschen alle ...
Wir schnalzen alle ...
Wir stampfen alle ...
Wir patschen alle ...
Wir pfeifen alle ...

Der Spielleiter fragt: „Habt ihr schon einmal Halleluja gesungen?"
Gruppe: „Ja!"
Spielleiter: „Habt ihr schon einmal den Halleluja-Tanz getanzt?"
Gruppe: „Nein."
Spielleiter: „Wollen wir den Halleluja-Tanz tanzen?"
Gruppe: „Ja!"
Der Spielleiter beginnt mit dem Singen und macht zuerst Seitschritte nach links. Er bittet alle Teilnehmer gleich mitzumachen. Bei der Wiederholung Seitschritte nach rechts.
Jedesmal wird eine neue Tanzanregung gegeben.
Die Tanzanregungen können auch vom Spielleiter immer wieder alle hintereinander aufgezählt werden, wobei die Gruppe immer mit einem „Ja!" einstimmt.

Weitere Möglichkeiten:
Habt ihr beim Halleluja-Tanz auch in die Hände geklatscht?
Seid ihr dabei auch im Kreis gegangen?
Habt ihr euch dabei auch an den Händen gefaßt?
Habt ihr euch dabei auch eingehakt?
Habt ihr euch dabei auch eng aneinander gedrückt?
Habt ihr euch dabei auch an den Ohren festgehalten?
usw.

Sich einbezogen fühlen in den Glauben des Menschen, dem man vertraut.

Beten erleben

Christliche Glaubensinhalte können in elementarer Weise vermittelt werden. Im gemeinsamen Beten, Loben, Danken und Singen begreift das Kind im wahrsten Sinne des Wortes, daß derjenige, den es kennt, dem es vertraut, den es gern hat, seine Sorgen und Nöte, sein Bitten und Danken jemandem anvertraut, zu ihm betet, mit ihm spricht und von ihm getröstet wird. Je jünger das Kind ist, desto weniger kommt es noch auf die Worte an, die zu diesem Gebet gehören, weil sie nicht alle kognitiv aufgenommen werden. Aber das sinnenhafte Erleben, daß die enge Bezugsperson während des Gebetes eine Gebetshaltung einnimmt, daß sie mit ruhiger Stimme singt und springt, beruhigt, schenkt Vertrauen und Geborgenheit.

Vertrauen und Geborgenheit

Beten heißt, daß wir uns mit unseren Worten an Gott wenden, zu ihm sprechen, ihn bitten und ihm danken.

Weil harmonisches Zusammenleben in der Familie – so unterschiedlich diese auch aussehen mag – dem Kind in dieser Weise erfahrbar wird, wird es sich in dieser Atmosphäre wohlfühlen. Wenn es auch erleben darf, daß Mutter oder Vater, Großmutter oder Großvater oder ein anderer Erwachsener mit ihm beten, wenn sie in seiner Gegenwart die Hände falten und zu jemanden sprechen, der für das Kind zunächst unbekannt ist, dem sie aber vertrauen, dann erlebt es Gebet und Gebetshaltung an sich selbst und an seinen nächsten Bezugspersonen.

Beten findet heutzutage kaum noch in der geschilderten Form in der Familie statt. Auch im Kindergarten – selbst in einem katholischen oder evangelischen – viel weniger, als dies gemeinhin angenommen werden könnte. Das Schulgebet ist fast überall abgeschafft. Und Beten im Religionsunterricht? Über das Gebet und über Beten wird gesprochen, diskutiert usw., aber ein Gebet zu sprechen, gehört auch bereits zur Ausnahme.

Lieder werden gesungen. Ja, Lieder im Kindergarten, im Religionsunterricht, im Krabbel- und Familiengottesdienst, die auf ihre Weise das vermitteln, was auch Inhalt des Gebetes ist: Anrufen Gottes, direktes Ansprechen, ihm danken, ihn bitten, loben und preisen.

Oft fehlt es an sprachlichen Vorbildern, wie man seine eigenen Gedanken Gott vortragen kann. Kinder und Erwachsene suchen nach Hilfen, die als Prosatext oder als Gedicht in die Hand genommen werden können, die Worte, die man zu Gott sprechen möchte, leichter werden lassen, weil man sie ablesen und sich mit dem Inhalt des Gelesenen identifizieren kann.

Manche Gebete, Formulierungen usw. können einem so gut gefallen, daß man sie immer wieder übernimmt und nach und nach vielleicht auswendig lernt. Andere geben Anstöße zu weiteren eigenen Worten, mit denen man sich an Gott wenden möchte.

Einen Unterschied von Kindergebeten und Gebeten für Erwachsene gibt es nach meiner Meinung nicht. Wohl aber einen Unterschied zwischen ehrlichen Gebeten und überflüssigen Wortverbindungen als Ausdruck einer falsch verstandenen Frömmigkeit.

Ein ehrliches Kindergebet spricht in seiner Schlichtheit ebenso Erwachsene an und kann von ihnen mitgebetet werden wie ein Gebet, das von Erwachsenen gesprochen wird, auch Kinder anrührt, wenn es sich nicht in frömmelnden Gebetsfloskeln verliert. Ein überzeugendes Beispiel stellt das Gebet dar, das Christus uns selbst gelehrt hat, das Vaterunser.

Was Jesus aussagt (Matt 18,20: „Wo zwei oder drei in meinem Namen zusammenkommen, bin ich selbst in ihrer Mitte"), kann beispielhaft im folgenden Lied: Ich lade dich ganz herzlich ein, erlebnishaft erfahren werden, wenn man sich einem Menschen anvertraut, sich leise von ihm hin und her wiegen läßt. Es können auch zwei Spieler sich an den Händen halten und ein Haus darstellen. Ein dritter Mitspieler kommt in das Haus hinein, wird von den beiden anderen ganz sorgsam festgehalten und leicht zu dem Lied geschaukelt. Dabei schließen alle die Augen, so daß sich das Geborgensein spüren, fühlen, erfahren läßt. Im Spielkreis können viele Häuser entstehen.

Ich lade dich ganz herzlich ein Text: Rolf Krenzer Melodie: Inge Lotz

MC und Liedheft: Ein Regenbogen bunt und schön, Abakus, Greifenstein/Lahn-Verlag, 65549 Limburg.

Der Himmel ist
hoch über uns
und hier bei uns im Haus.

Gott ist bei dir,
Gott ist bei mir,
drum ruh' dich bei mir aus.

In immer wiederholbaren Spielliedern und Singspielen können Geschichten aus dem Alten und Neuen Testament aktuell und erlebnishaft erfahren werden.

Liedtext als Spielanregung

Im Spiel kann mit Hilfe des Liedes eine Geschichte entwickelt werden, die beliebig oft – wegen des hohen lustvoll erlebten Emotionsgehaltes – wiederholt werden kann, wobei die einzelnen Rollen immer wieder getauscht werden können. Damit können Geschichten singend erzählt und in ein Spiel umgesetzt werden. Solche Spiellieder verfügen über einen leicht mitsingbaren Refrain, der jeweils von Szene zu Szene überleitet und alle am Spiel beteiligt. Die Spieler, die in den einzelnen Szenen agieren, fühlen sich dadurch von allen mitgetragen. Der Liedtext selbst gibt Anregungen zum mimischen, gestischen und pantomimischen Gestalten.

Singspiel

Über das Spiellied hinaus geht das Singspiel, das sich aus mehreren Spielliedern zusammensetzt. Wichtig ist auch hier, daß alle Lieder viele Mitspieler zum Tätigwerden anregen und daß ein schnell erlernbarer einfacher Refrain vorhanden ist.

Beispiel: Das große Festmahl

Um darzustellen, daß auch ein relativ schwieriger Stoff mit Hilfe des Spielliedes einsichtiger wird und zur freudigen Wiederholung anregt, soll hier exemplarisch eine mögliche Gestaltung des Gleichnisses vom großen Festmahl (Luk 14,15–24) stehen. Wir haben das Spiellied mit Vorschulkindern gestaltet und dann in einer Kindermesse gespielt. Es zeigte sich, daß jeder eine Rolle erhielt, die er gern spielte, und daß auch die Jüngsten begeistert mitmachten. Das alles läßt sich nicht so schildern. Derjenige, der es mit einem solchen Spiellied versucht, wird selbst erfahren, wie stark Kinder darauf eingehen und wie spontan und kreativ sie mit ihren Spielaufgaben umgehen.

Die beiden folgenden Spiellieder vom großen Festmahl werden von einigen oder allen gesungen. Zu den einzelnen Strophen wird dann pantomimisch dargestellt, was im Text ausgesagt wird.

Geeignete Gebete findet man in:
R. Krenzer: Gott, du meinst es gut mit mir. Herder, Freiburg 1995.
R. Krenzer: Komm, kuschel dich an mich, Lahn, Limburg 1995.
R. Krenzer: Wir kleinen Menschenkinder, Menschenkinder, Münster, 1992.
R. Krenzer: Halte zu mir heute, guter Gott, Lahn, Limburg 2. Aufl. 1993

Es lädt ein Mann zum Festmahl ein

Spiellied vom großen Festmahl

T: Rolf Krenzer M: Paul G. Walter

Refrain:
Es lädt ein Mann zum Festmahl ein
und fragt: „Willst du mein Gast heut sein?“

2. Tut mir leid!
Keine Zeit!
Ich kaufte mir zwei Pferde heut.
Drum kann ich nicht weggehn.

Tut mir leid!
Keine Zeit!
Ich kaufte mir zwei Pferde heut.
Das wirst du doch verstehn.

Refrain:
Es lädt ein Mann zum Festmahl ein
und fragt: „Willst du mein Gast heut sein?“

3. Tut mir leid!
Keine Zeit!
Ich feier' selber Hochzeit heut!
Drum will ich nicht weggehn.

Tut mir leid!
Keine Zeit!
Ich feier' selber Hochzeit heut!
Das wirst du doch verstehn.

Refrain:
Es lädt ein Mann zum Festmahl ein
und fragt: „Willst du mein Gast heut sein?“

4. Tut mir leid!
Keine Zeit!
Die feinen Leute sind zu fein,
um zu dem Fest zu gehn.

Tut mir leid!
Keine Zeit!
Die feinen Leute sind zu fein.
Drum lassen sie ihn stehn.

Refrain:
So kommt's, daß er zu denen geht,
die sonst kein Mensch zum Fest einlädt.

5. Jederzeit
gern bereit!
Da kommen so viel Leute heut,
um zu dem Fest zu gehn.

Jederzeit
gern bereit!
Die andern Leut', die nicht bereit,
die bleiben draußen stehn.

Willst du mein Gast beim Festmahl sein?

Text: Rolf Krenzer Musik: Ludger Edelkötter

Ein Mann geht im Kreis herum und fragt die Menschen, ob sie seine Gäste sein wollen.

Zuerst bleibt er vor einem stehen, der keine Zeit hat, weil er gerade heute sein Grundstück kaufen will. Doch sogleich beginnt dieser gemeinsam mit anderen (zum Lied, das von den anderen gesungen wird) sein Grundstück abzumessen. Er kommt also nicht.

Der Mann geht weiter und bleibt wieder vor einem anderen stehen. Doch der hat auch keine Zeit. Er muß sich um sein Vieh kümmern. Schafe, Hunde, Katzen, Pferde, Kühe, Enten und Gänse laufen plötzlich herum und geben ihre Laute von sich. Da läuft der Eingeladene zur entsprechenden Strophe hinter seinem Vieh her und läßt den Mann einfach stehen.

2. Willst du mein Gast beim Festmahl sein?
Recht schönen Dank! Doch leider nein!
Mein Vieh! Die Arbeit! Sie verstehn!

Drum kann ich heut,
kann ich heut,
kann ich heut, heut nicht gehn!

Der Mann geht weiter. Jetzt kommt er zu einem, der gerade Hochzeit feiert. Da ist viel los. Und nun soll auch noch ein Hochzeitsfoto gemacht werden. Da stellen sich alle zum Hochzeitsbild auf und nehmen Braut und Bräutigam in die Mitte. Der Fotograf knipst, dann geht der Hochzeitszug los. Und der Mann steht nur noch im Wege.

3. Willst du mein Gast beim Festmahl sein?
Recht schönen Dank! Doch leider nein!
Wir feiern Hochzeit! Sie verstehn!
Drum kann ich heut,
kann ich heut,
kann ich heut, heut nicht gehn!

Der Mann geht weiter. Aber wohin er auch kommt, keiner folgt seiner Einladung. Plötzlich haben alle, an die er sich wendet, viel zu tun, z. B.: Teppich klopfen, mit dem Staubsauger saugen, Schreibmaschine schreiben, waschen, putzen, fegen, ein Bild aufhängen, mit dem Auto fahren, einen Fahrradschlauch flicken, im Garten arbeiten usw.

Einsam und traurig steht der Mann inmitten all dieser Geschäftigkeit. Da geht er langsam zurück zu seinem Tisch, der bereits für das Festmahl vorbereitet und geschmückt ist.

4. Willst du mein Gast beim Festmahl sein?
Recht schönen Dank! Doch leider nein!
Ich hab zu tun! Es tut mir leid!
Hab keine Zeit,
keine Zeit,
keine Zeit, keine Zeit!

5. So lädt der Mann zum Festmahl ein
und steht am Ende ganz allein.
Die feinen Gäste, Sie verstehn,
die lassen sich,
lassen sich,
lassen sich hier nicht sehn.

Noch einmal geht der Mann hinaus. Er geht durch die Reihen und durch den Kreis und bleibt vor dir und mir stehen. Wir geben ihm die Hand und lassen uns einladen. Zum Schluß finden wir uns alle beim Festmahl ein.

6. Da geht der Mann nochmal hinaus
und fragt die Leute vor dem Haus.
So steht er plötzlich auch vor dir
und fragt: Kommst du,
sag, kommst du,
sag, kommst du auch zu mir?

7. Willst du mein Gast beim Festmahl sein?
   Ich lade dich ganz herzlich ein!
   Komm, sei mein Gast und tritt herein!
   Was ich hab,
   ist auch dein!
   Was ich hab, ist auch dein!

(Diese Strophe kann beliebig oft wiederholt werden.)

8. Die krank und arm und dumm und klein,
   die lädt der Mann zum Festmahl ein.
   Den andern aber, Sie verzeihn,
   sagt er nein,
   einfach nein,
   sagt er nein, einfach nein!

Funktion der Spielleiterin

Der Einsatz von Spielliedern und Spieltänzen im Kindergarten kann mit freudiger Zustimmung rechnen, bedarf aber der engagierten Erzieherin, die mit ihrem Singen und Spielen die anderen Mitspieler zum Mitsingen und Mitspielen begeistert.

Das Spiellied selbst stellt an sie als Spielleiterin Forderungen, denen sie nachkommen muß, wenn ein für alle positiv aufgenommenes Erlebnis daraus entstehen soll. Wir können folgende Regeln aufstellen:

Forderungen an die Spielleiterin

- Genaues Planen

Die Spielleiterin muß genau planen, welches Spiellied sie vorstellen will. Sie muß sorgsam überprüfen, ob die Aussage des Textes ihren Intentionen entspricht und ob die Kinder das nachvollziehen können, was ihnen im Text vorgetragen wird.

- Einfachster Liedtext

Der Text des Spiellieds sollte so einfach sein, daß er sofort von den anderen Mitspielern aufgenommen werden kann. Die Wortwahl muß dem Auffassungsvermögen der angesprochenen Kinder entsprechen.

- Agieren ohne Textheft oder Liederbuch

Die Spielleiterin sollte Text und Melodie so sicher kennen, daß sie ohne Textheft oder Liederbuch agieren kann. Gerade beim Spiellied benötigt sie ihren ganzen Körper, die Arme, die Beine, Mimik und Gestik, so daß jedes Mittel, das sie dabei hemmt (und das ist in jedem Fall ein Buch in ihrer Hand) nicht angemessen ist.

- Freude am vorgeschlagenen Lied muß ersichtlich sein

Die Spielleiterin muß selbst an dem Lied, das sie anbietet, ihre Freude haben. Lieder, die einem selbst nichts geben, sollte man – selbst wenn sie in Plänen angeführt sind – weglassen. Wenn Kinder selbst ein Spiellied vorschlagen, sollte dies in jedem Fall auch einbezogen werden.

Forderungen an die Spielleiterin

- Spiellieder dürfen verändert werden

Das Spiellied ist nicht auf eine einmalige Melodie und auf einen unveränderbaren Text angewiesen, sondern soll zum eigenen Variieren, Weiterdichten, Aktualisieren und Umfunktionieren anregen.

- Jeder Mitspieler ist gleichwertig und gleichberechtigt

Die Spielleiterin sollte alle Spielpartner als gleichwertige und gleichberechtigte Partner akzeptieren. Nur so gelingt es, jeden auch in das Spiel einzubeziehen.

- Spiellieder sind Kreislieder

Spiellieder erfordern einen Spielkreis, zumindest einen Halbkreis. Es darf kein *Oben* und *Unten* geben, sondern jeder sollte einen Teil dieses Spielkreises bilden. Jeder Platz hat den gleichen Rang und den gleichen Wert.

- Engagement der Spielleiterin:

Die Spielleiterin kann nicht nur andere zum Spielen anregen, sondern sie muß jederzeit und überall mittun. Sie muß immer Spielpartner sein und nicht andere spielen lassen und in die Rolle des Beobachters und Antreibers schlüpfen. Nur wenn sie selbst intensiv und engagiert am Spiel beteiligt ist, lassen sich auch andere zum Mitspielen anregen. Wenn beim ersten gemeinsamen Spiel bereits der Funke überspringt, dann kann – und das habe ich oft erlebt – ein ganzes Feuerwerk kreativer Spieleinfälle abgebrannt werden und eine Spielgemeinschaft entstehen, die zu immer neuen Spielwagnissen bereit ist.

Wer einmal ein Spiellied zum Vermitteln einer Geschichte eingesetzt hat, wird bemerken können, daß sich Text, Melodie und Spielgestaltung sehr lange behalten lassen. Auch nach einem Jahr erinnerten sich Kinder wieder an das Martinslied, in dem Martin seinen Mantel teilt, das sie im vergangenen Jahr gespielt und gesungen hatten. Sie wollten es erneut zum Martinstag wieder singen und spielen.

Eigenes Singen und Spielen auf Cassette

Im Spiellied werden Geschichten zum Erlebnis und deshalb nicht vergessen. Manche Spiellieder waren so beliebt, daß wir sie zusammen auf eine Cassette aufnahmen und vervielfältigten. So konnte sie jeder mit nach Hause nehmen. Die Eltern stellten uns gerne hierfür Cassetten zur Verfügung: Sie erklärten uns auch, daß trotz der technisch und musikalisch bestimmt nicht genügenden Aufnahme es gerade diese Cassetten waren, die zu Hause allen vorproduzierten Ton-

Tonträgern

trägern vorgezogen wurden. Jedes Kind fand sich dort wieder, wenn es sich selbst mitsingen und mitsprechen hörte. Sehr oft begannen die Kinder zu Hause, zu der Cassette zu spielen und laut mitzusingen. Für mich ist es immer besonders eindrucksvoll, wenn mir Eltern versichern, welchen Spaß sie selbst mit ihrem Kind zu Hause mit diesen Cassetten haben. Und es sind nicht wenige Eltern darunter, von denen ich weiß, daß ihr Kind wohl vorher nur wenig oder überhaupt nicht mit Glaubensinhalten in Berührung kam. Sie spüren die Freude, die hier weitergegeben werden soll und darf. Ist das nicht das Anliegen religiöser Erziehung überhaupt?

6. Einsatz von Texten

Der Anspruch, der an Texte gestellt werden muß, ist hoch. Denn je komplexer und undurchsichtiger die Zusammenhänge und Konfrontationen der Umwelt sind, die das Vorschulkind erlebt, um so schwieriger ist es, in einfacher und verständlicher Sprache und stilistisch gradliniger Darstellung wichtige Inhalte wiederzugeben und sie so aufzuarbeiten, daß sie von Kindern dieses Alters aufgenommen und verstanden werden können.

Mit eigenen Worten nacherzählen

In jedem Fall empfiehlt es sich, die Texte nicht nur vorzulesen, sondern mit eigenen Worten nachzuerzählen, so daß man die Kinder beim Erzählen anschauen kann und gleich bemerkt, wenn etwas nicht verstanden wurde, wenn verkürzt oder breiter ausgemalt werden kann.

Bilder zum Text

Bilder unterstützen einen Text wesentlich. Aber auch die Bilder, die nach dem Text oder zu besonderen Situationen des Textes von Kindern selbst gestaltet werden, verhelfen zur Vertiefung.

Umsetzung in ein Spiel

Die Umsetzung in ein Rollenspiel, in Hörspiel, Puppenspiel und all die vielfältigen Formen des darstellenden Spiels bewirkt ein Erleben, das über Jahre hinaus nicht vergessen wird. Allerdings muß sich der Erzieher darüber klar sein, daß ein solches Umsetzen von ihm viel mehr verlangt als nur das Vorlesen. Er muß die Voraussetzungen schaffen, die es dem Kind ermöglichen, sich in die Situation einzufinden und mit ihm gemeinsam zu einem erlebnisreichen Spiel zu gestalten.

Geeignete Textsammlungen: Rolf Krenzers großes Vorlesebuch für das ganze Jahr, 2 Bände, Herder, Freiburg 1994/95. Rolf Krenzer: Drum feiern wir ein Fest, Das Kinderbuch zum Kirchenjahr, Echter, Würzburg 2. Aufl. 1995.

Vier große Bereiche, die nicht nebeneinander stehen, sondern einander durchdringen, prägen alle Angebote und Inhalte der religiösen Erziehung im Kindergarten:

Volker Fritz/Rolf Krenzer (Hrsg.): 100 einfache Texte zum Kirchenjahr, Kaufmann, Lahr.
Werkbücher: Tag für Tag, Jahr für Jahr – Wir danken für die Ernte – Gottes Werke sind wunderbar – Von Jesus will ich erzählen – Treffpunkt-Kinderbibel –, alle Lahn-Verlag, Limburg.

1. **Ich und die anderen – die anderen und ich – vom guten Zusammenleben**
2. **Kirchenfeste im Jahreskreis**
3. **Geschichten aus dem Alten und Neuen Testament**
4. **Gottesdienst – mit Gott sprechen, Gott danken und Gott bitten**

Glaubensinhalte erleben

Alle hierzu gegebenen Angebote sind allein unter dem Gesichtspunkt ausgewählt und ausgearbeitet, daß sie die Chance beinhalten, Glaubensinhalte zu Erlebnissen werden zu lassen. Wie das Kind Gottes Schöpfung und sich selbst als Teil dieser Schöpfung nur dann erfahren kann, wenn ihm diese Schöpfung erlebnishaft bewußt gemacht wird und es sich selbst in dieser Schöpfung erlebt, so können Geschichten aus der Bibel und zu den Kirchenfesten nur dann wirklich verinnerlicht werden, wenn es gelingt, eine breite Erlebnisbasis zu schaffen, d.h. beispielsweise eine Umsetzung in Lied und Spiel, von dem sich alle angesprochen fühlen und bei dem alle sich beteiligen. Die Angebote sind exemplarisch zu sehen. Sie lassen sich beliebig erweitern und fortführen, auf andere Geschichten und Inhalte übertragen.

Beispiele: Gottes Regenbogen, dargestellt im Spiellied

Ich lebe nicht allein – ich erfahre mich und die anderen in meiner nächsten und weiteren Umwelt

Zunächst finden sich Aufgaben, Inhalte und Ziele in der Freude an unserem von Gott gegebenen Leben. Die Geborgenheit in Gottes Schutz verhilft uns dazu, uns laut und leise, allein und mit anderen immer und überall freuen zu dürfen, weil wir auf diese Weise Gott unseren Dank sagen dürfen.

Geeignete Lieder

Geburtstagslieder auf folgenden Tonträgern: MC: Ein kleiner Spatz von irgendwo, Peter Janssens Musik Verlag, 48291 Telgte. CD/MC: Ein ganzer Tag voll Sonnenschein, Abakus Musikverlag, 35753 Greifenstein.

Dieser Dank läßt sich am allerbesten in Liedern ausdrücken, bei denen jeder mitspielen und mitsingen und sich damit identifizieren kann.

Bei diesen Beispielen stellt die Reihenfolge gleichzeitig auch die Steigerung dar: Ich bin ich – Ich kann etwas – Gott hat mir meine Sinne gegeben, damit ich ihn finden kann.

Hier sollte auch bewußt ein Geburtstagslied angeboten werden.

1. Ich habe einen Körper – jede/r von uns hat einen Körper – ich erfahre deinen und meinen Körper

Mein Körper

Ich habe einen Kopf

Text: Rolf Krenzer Melodie: Ludger Edelkötter
© Impulse-Musikverlag, Drensteinfurt

MC und Liedheft: „Hast du etwas Zeit für mich?“, Impulse Musikverlag, 48309 Drensteinfurt.

2. Ich habe einen Kopf,
   zwei Beine hab' ich auch.
   Und einen, einen,
   einen runden Bauch.

3. Die Augen, die sind hier.
   Der Mund, mit dem man spricht.
   Die Nase, Nase
   ist mitten im Gesicht.

4. Ich hab' ja so viel Haar.
   Und Füße, um zu stehn.
   Und Muskeln, Muskeln,
   das kann ein jeder sehn.

5. Zehn Finger hab' ich hier.
   Zehn Zehen wackeln froh.
   Und hinten, hinten,
   da hab ich noch den Po.

6. Die Beine, um zu gehn.
   Die Ohren, die sind hier.
   Jetzt weißt du, weißt du,
   weißt du viel von mir.

7. Wir haben einen Kopf,
   und in dem Kopf Verstand.
   Und so denken, denken
   wir so allerhand.

8. Ja, alles, was ich hab',
   das hast du ebenso.
   Drum tanzen, tanzen,
   tanzen wir so froh.

Wir stehen uns zu zweit gegenüber und zeigen unserem Gegenüber genau, was alles zu unserem Körper gehört. Wichtig dabei ist, daß einer jeweils einen Sinnenabschnitt vorsingt, der dann von allen wiederholt wird:
„Ich habe einen Kopf,
   Ich habe einen Kopf,
zwei Arme hab ich auch,
   zwei Arme hab ich auch
und einen, einen, einen runden Bauch ...
   und einen, einen, einen runden Bauch."
Wenn das Lied dann einmal ganz durchgesungen wurde, wird es richtig lustig, denn dann zeigen wir bei der Wiederholung, was unser Gegenüber alles hat und fassen ihn dort an, z. B. am Kopf, an der Nase usw. Dazu singen wir dann:
„Ja, du hast einen Kopf,
   ja, du hast einen Kopf,
zwei Arme hast du auch ..." usw. bis zum Ende.

Ich kann etwas

Im folgenden Spiellied darf jeder zeigen, was er kann. Es geht reihum, und jeder kommt einmal dran.

Aus LP/MC und Liedheft: „Kommt alle und seid froh“, 1982 im Peter Janssens Musik Verlag, 48291 Telgte.

Schaut mal an …

Text: Rolf Krenzer Musik: Peter Janssens

2. Ich kann winken, das geht so.
 Und wenn du auch so winken kannst,
 dann sind wir beide froh.

3. Ich kann streicheln, das geht so.
 Und wenn du auch so streicheln kannst,
 dann sind wir beide froh.

4. Ich kann lachen, das geht so.
 Und wenn du auch so lachen kannst,
 dann sind wir beide froh.

Aus CD/MC und Lied- und Spielheft: Gottes guter Segen/Wir bauen eine Kinderstadt, Abakus Musikverlag, 35753 Greifenstein.

Ich bin ich und nicht verwechselbar

Das vereint mich mit anderen und kann mich von anderen unterscheiden. Ich erfahre, daß mein Name etwas mit meiner Taufe zu tun hat. Mit meiner Taufe gehöre ich zur Gemeinde Christi.

Ich bin ich

Text: Rolf Krenzer Musik: Siegfried Fietz

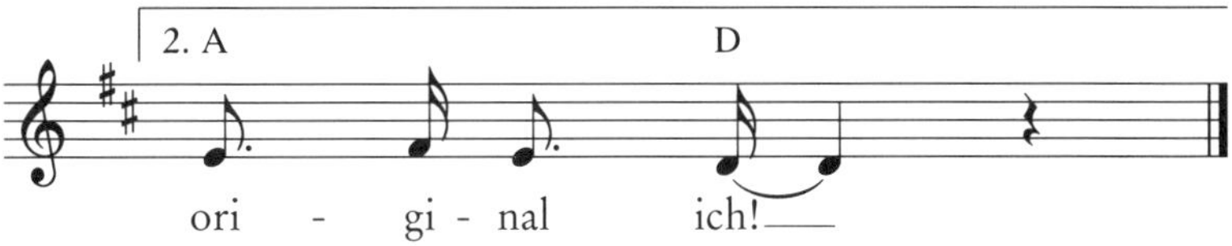

2. Von vielen Millionen,
die auf unsrer Welt wohnen,
ist kein einziger doppelt
oder doppeltgemoppelt,
sieht kein einziger Klaus
wie ein anderer aus.
Es gibt dich und mich!
Ich seh' aus wie ich!

3. Meine Schuh', meine Kleider,
meine Jeans und so weiter
werden, muß ich's euch sagen,
von vielen getragen.
Und so läuft jeder drum
grad wie ich hier herum.
Aber täuscht euch nicht:
Ich seh' aus wie ich!

4. Jeder Floh, jeder Affe,
Hund und Katz', die Giraffe,
jeder Fisch, jeder Zeisig,
jedes Tier, ja, das weiß ich,
jeder Halm, jeder Baum
– und begreift man es kaum –
ist so einmalig,
grad wie du und ich!

5. Gott hat mir mein Leben
und mein Aussehn gegeben,
was ich liebe und hasse,
was ich tu', was ich lasse,
was ich träume und kann,
wer ich bin! Schau mich an!
Nicht verwechselbar!
Gott ist wunderbar!

Ich habe einen Namen

Text: Rolf Krenzer Musik: Peter Janssens

Aus MC und Liedheft: Kommt alle und seid froh, Peter Janssens Musik Verlag, 48291 Telgte.

In den folgenden Strophen werden alle Kinder einschließlich der Erzieherin mit ihren Namen genannt. Hierzu kann folgendes Gebet gesprochen werden. (Gebet Seite 66)

2. Ich heiße Dorothee, und ich bin getauft.
   (Alle) Ja, du heißt Dorothee, und du bist getauft.
3. Wir haben einen Namen, und wir sind getauft.
   (Alle) Wir haben einen Namen, und wir sind getauft.

Ich kann Gottes Schöpfung mit allen Sinnen erleben

Du gabst mir Augen

Text: Rolf Krenzer Musik: Ludger Edelkötter

2. Grün sind die Wiesen,
und bunte Blumen blüh'n.
Darüber schaukeln
Schmetterlinge hin.
Du gabst mir Augen,
daß ich dich sehen kann.
Und deine Schöpfung
schau ich staunend an.

3. Im Winde wiegen
sich Ähren auf dem Feld,
ein goldenes Leuchten.
Schön ist deine Welt.
Du gabst mir Augen,
daß ich dich sehen kann.
Und deine Schöpfung
schau ich staunend an.

4. Wälder und Berge
bis hin zum Himmelsblau.
Vor Deiner Schöpfung
steh' ich da und schau.
Du gabst mir Augen,
daß ich dich sehen kann.
Und deine Schöpfung
schau ich staunend an.

5. Du gabst mir Augen,
und alles seh' ich hier.
Für meine Augen
danke, Gott, ich dir.
Du gabst mir Augen,
daß ich dich sehen kann.
Und deine Schöpfung
schau ich staunend an.

Das Lied kann als Gebet gesungen oder gesprochen werden. Es kann auch dann eingesetzt werden, wenn die Schöpfungsgeschichte, unser Staunen über Gotte wunderbare Schöpfung im Mittelpunkt steht.

Tanja wundert sich

Ich habe einen Namen
Es gibt andere Menschen, die den gleichen Namen haben wie ich.

Als Tanja aus dem Kindergarten kommt, wird plötzlich im Nachbarhaus ein Fenster geöffnet, und eine fremde Frau ruft heraus: „Tanja, jetzt komme endlich!"

Wie erstarrt bleibt Tanja stehen. Sie kennt diese Frau doch gar nicht. Sonst ist immer Frau Schweizer da. Aber warum guckt heute dort jemand aus dem Fenster, den Tanja überhaupt nicht kennt. Und warum ruft sie so kurz angebunden nach ihr, fast ein bißchen böse?

Komisch, denkt Tanja, sonst sind Schweizers immer so freundlich.

Aber weil die Stimme der fremden Frau so hart war, zieht es Tanja doch vor, zu dem Nachbarhaus zu gehen. Ein wenig ängstlich geht sie zur Tür und klingelt.

Sogleich ertönt ein Summen, und die Tür öffnet sich automatisch.

„Na, komm schon! Dein Vater muß jeden Augenblick mit dem Auto kommen!"

Das ist wieder diese fremde Stimme.

Jetzt traut Tanja sich aber keinen Schritt weiter.

Da kommt die Frau die Treppe herunter.

Ganz ängstlich drückt sich Tanja an die Tür.

Die Frau schaut Tanja ganz erstaunt an.

„Was willst du denn?" fragt sie endlich.

„Sie haben mich gerufen!" sagt Tanja mit leiser Stimme.

„Heißt du etwa auch Tanja?" fragt die Frau.

Tanja nickt.

„Ich habe meine kleine Tochter gerufen!" lacht die Frau. Wir sind heute bei Schweizers zu Besuch. Frau Schweizer hat ihr erlaubt, im Garten zu spielen. Aber jetzt soll sie heraufkommen. Mein Mann holt uns ab, und vorher muß Tanja noch gewaschen werden."

Und wirklich! Da kommt ein kleines Mädchen neben Tanja zur Tür herein.

Es ist viel kleiner als Tanja.

„Da ist auch eine Tanja!" sagt die Frau und nimmt das Kind auf den Arm. Als Tanja nach Hause geht, muß sie immer wieder an die andere Tanja denken. Bisher hat sie nur eine Tanja gekannt. Eine einzige Tanja. Und das war sie selbst. Tanja Schmidt. Wenn jemand Tanja rief, da war immer sie gemeint. Tanja wundert sich.

Als sie dann zu Hause klingelt und Mutter ihr die Tür öffnet, fragt sie ganz aufgeregt: „Mutti, gibt es mich zweimal?" *Rolf Krenzer*

Vornamen und Familiennamen

Die kleine TANJA erfährt zum erstenmal, daß außer ihr noch ein anderer den gleichen Namen trägt. Wir sprechen über unseren Namen, ob wir jemanden kennen, der den gleichen Namen trägt, ob wir wissen, wer uns den Namen gegeben hat, warum wir gerade diesen Namen bekommen haben. Manche Leute haben zwei Namen, manche sogar noch mehr. Wir tragen einen Vornamen und einen Familiennamen. Peter Müller ist jemand ganz anderes als Peter Schmidt.

Der folgende Text kann Anstoß zu einem weiterführenden Gespräch bieten:

Warum der Martin Martin heißt

Ursprung eines Namens. Namenspatron

„Weißt du eigentlich, warum du Sabine heißt?" fragt Martin seine Freundin im Kindergarten. Sabine zuckt mit den Schultern. „Meine Eltern haben mir den Namen gegeben."

„Und du?" fragt Martin Andreas. Aber Andreas weiß auch nicht mehr. Er will aber heute nachmittag seine Mutter danach fragen.

„Ich habe schon gefragt!" sagt Martin. „Mein Vater hat einen besten Freund. Mit dem ist er zusammen in den Kindergarten gegangen und dann in die Schule. Als sie groß waren, haben sie zusammen Reisen gemacht. Mit ihren Fahrrädern sind sie losgefahren und haben nachts in ihrem Zelt geschlafen. Das ist heute noch Papas bester Freund."

„Der Freund heißt Martin!" rät Andreas.

„Genau!" antwortet Martin und strahlt. „Und jetzt ist er auch noch mein Patenonkel!"

Sabine denkt lange nach. Dann sagt sie: „Dann ist dein Name aber gar nichts Besonderes. Ich dachte immer, du hast ihn vom heiligen Martin!"

Da muß Martin lachen. „Natürlich habe ich den Namen auch vom heiligen Martin. Denn mein Patenonkel ist auch nach dem heiligen Martin genannt!"

Ob Sabine das einsieht?

„Ich habe übrigens zwei Feiertage jedes Jahr!" fügt Martin stolz hinzu. „Am 7. August und am 11. November!"

„Am 7. August ist dein Geburtstag! Das stimmt!" sagt Andreas.

„Aber am 11. November ist doch Martinstag!" meint Sabine.

„Eben!" sagt Martin. „Am 11. November ist mein Namenstag!"

Rolf Krenzer

Namenstag Geburtstag Taufe, Taufpaten

Wir berichten über unsere Namen, fragen nach. Wir streichen mit Hilfe des Erziehers im Kalender an, wann wir Geburtstag und wann Namenstag haben. Wir lassen uns von den Menschen erzählen, die dem Tag, der auch unser Namenstag ist, ihren Namen gegeben haben.

Der Patenonkel ist der Taufpate. Ein Hinweis auf die Taufe sollte sich hier anschließen. Es kann herausgearbeitet werden, wie die Taufe vor sich geht, was die Taufe bedeutet, warum Christen getauft werden und welche Aufgaben die Taufpaten übernehmen. Kind und Mutter werden gesegnet.

Auch Jesus wurde getauft.

Bei der Taufe wird das Kind in den Tod und die Auferstehung Jesu „eingepflanzt" (Röm 8,15). Es erhält Zugang zum Leben Gottes als sein Kind. So wird es mit seinem Namen Gott anvertraut und in die Gemeinde der Glaubenden aufgenommen. Gott kennt das Kind mit seinem Namen, Gott ruft es mit seinem Namen.

Gott kennt meinen Namen

Von der Geburt bis über den Tod hinaus wird Gott mich kennen und liebhaben, immer und ewig.

Hierzu folgendes Gebet:
Guter Gott,
du kennst uns alle mit unserem Namen.
Du kennst mich, die Dorothea, und den Markus
und ... (jedes Kind nennt seinen Namen).
Du kennst uns alle. Du hast uns alle lieb.
Wir freuen uns darüber. Wir danken dir! Amen.

Die Geschichte vom Kind, das immer lachen mußte

Lachen als Ausdruck lebensbejahender Deutung von Ereignissen. Freude kann anstecken.

„Du bist albern!" sagte die Mutter zu dem Kind und blickte ein bißchen ärgerlich aus dem Fenster. „Draußen regnet es in Strömen! Da werden wir patschnaß, wenn wir jetzt gehen müssen."

Da lachte das Kind wieder und meinte: „Vielleicht regnet es so sehr, daß wir überhaupt nicht gehen können. Dann brauchen wir heute auch nicht zum Zahnarzt!"

„Wir haben einen Termin!" sagte die Mutter und seufzte. Dann holte sie die Stiefel und den Regenmantel für das Kind herbei.

Als das Kind den Regenmantel sah, mußte es wieder lachen. Da waren ja noch dicke Schmutzstreifen von gestern darauf. Gestern hatte es nämlich auf der Straße Pfützenspringen geübt. Das sah man heute dem Regenmantel immer noch an.

Die Mutter seufzte und schrubbte so lange an dem Regenmantel mit Wasser herum, bis er sauber war.

Als das Kind den Regenmantel anzog, mußte es wieder lachen. „Jetzt ist der Mantel schon naß, und wir sind noch nicht einmal draußen im Regen!"

Nun zog die Mutter auch ihren Mantel an, nahm den Schirm und ging mit dem Kind hinaus. Unterwegs mußte das Kind immer wieder lachen. Es lachte, weil die Autos spritzten, daß die Fußgänger empört zur Seite sprangen. Es lachte, weil ihm ein dicker Regentropfen mitten auf die Nase gefallen war und dort kitzelte. Es lachte, weil es mit seinem Mund Regentropfen fangen konnte. „Mach das auch mal!" sagte es zu seiner Mutter. „Das macht Spaß!" Jetzt mußte auch die Mutter lachen. Und obwohl sie es eilig hatte, blieb sie stehen und guckte zu, wie das Kind die Regentropfen mit dem Mund fing.

„Du bist wirklich albern!" lachte sie dann und zog das Kind hinter sich her.

Beim Zahnarzt im Wartezimmer mußte das Kind wieder lachen. Dort, wo die Leute ihre Regenmäntel ausgezogen und wo sie ihre Regenschirme hingestellt hatten, war nämlich eine Riesenpfütze. Das platschte richtig, als das Kind mit seinen Gummistiefeln hineintrat.

Es waren viele Leute im Wartezimmer. Da dauerte es lange, bis das Kind endlich mit seiner Mutter zum Zahnarzt konnte. Aber dem Kind war es nicht langweilig. Es stand am Fenster und lachte über die vielen bunten Schirme, die es unter sich sah. Von den Leuten sah es fast nichts. Nur die Beine und Füße, die unter den Schirmen trippelten. Es freute sich auch, als es einen dicken Käfer auf dem Fensterbrett entdeckte. Er hatte hier ein trockenes Plätzchen gefunden. Als später dann der Zahnarzt in seinen Mund guckte, mußte das Kind wieder lachen, weil der Zahnarzt ein so ulkiges Gesicht machte.

„Du bist aber ein fröhlicher Patient!" sagte der Zahnarzt.

„Das Kind ist albern!" meinte die Mutter.

„Solche fröhlichen Patienten habe ich gern!" sagte der Zahnarzt und lachte auch.

Als er dann den Bohrer holte, lachte das Kind nicht mehr.

„Es tut nicht weh!" sagte der Zahnarzt. „Es ist nur ein winziges Loch! Da machen wir eine kleine Füllung!"

Da mußte das Kind schon wieder lachen. Es hatte ja gar nicht bemerkt, daß der Zahnarzt ein bißchen gebohrt und eine winzige Füllung gemacht hatte.

Und die Mutter lachte auch.

Als sie dann wieder auf die Straße traten, da zeigte die Mutter zum Himmel hinauf.

Es hatte aufgehört zu regnen. Ein bunter Regenbogen stand hoch am Himmel. Und jetzt freute sich die Mutter auch und drückte dem Kind lachend die Hand.

„Du bist albern!" sagte das Kind und mußte wieder lachen.

Rolf Krenzer

Freude im Zusammenleben mit anderen erleben und erfahren.

Schon beim Vorlesen können die Kinder unterbrechen und erzählen, worüber sie lachen müssen. Dann erinnern wir uns gemeinsam an lustige Sachen, die wir erlebt haben und über die wir alle lachen mußten. Wir versuchen, uns lustige Sachen auszudenken.

Wir spielen Szenen aus der Geschichte nach, denken uns weitere aus, z. B. was man im Regen sonst noch machen kann. Wir stellen pantomimisch dar, wie wir in eine Pfütze springen, wie wir reagieren, wenn wir selbst spritzen oder naßgespritzt werden. Hierbei kann deutlich werden, daß es unterschiedliche Reaktionen gibt, daß der Spaß des einen unter Umständen den Ärger des anderen auslösen kann. Man braucht auch nicht laut zu lachen. Man kann sich freuen und ganz still dabei bleiben. Wir berichten darüber, wie wir uns einmal so sehr gefreut haben, daß wir es bis jetzt nicht vergessen haben.

Einander helfen

Auch solche Szenen können gespielt werden.

Beispiele: Beim Spülen und Abtrocknen helfen; im Haushalt eine Arbeit übernehmen; beim Autowaschen helfen; jemanden helfen, einen schweren Koffer zu tragen; wenn wir einem anderen helfen, wird uns bewußt, wieviel und was wir alles können.

Spiel: Mein rechter Platz ist leer. Ich wünsche mir den Stefan her

Wir sitzen im Kreis. Ein Stuhl ist frei. Wer neben dem freien Stuhl sitzt, beginnt. Er darf sich einen Mitspieler auf den rechten Platz neben sich herbeirufen:

Variation: In meinem Haus bin ich allein,
drum soll Kristina bei mir sein.

Spiele zum Selbsterleben, zum Selbsterfahren

Wir sitzen im Kreis. Einer sagt den Vers und nennt ein Kind mit Namen. Darauf setzt sich das Kind dem ersten Kind auf den Schoß. Man kann auch jemand herbeirufen, der bereits bei jemand anderem im Haus ist. Es können auch nach und nach noch mehr in ein Haus gerufen werden.
Dann rufen die Kinder: In unserm Haus sind wir allein,
drum soll der Peter bei mir sein.

Umrißbild auf der Tapete

Einer darf sich auf ein großes Stück Tapete legen, das auf dem Fußboden ausgebreitet ist. Mit dicken Farbstiften zeichnen wir seinen Umriß. Wir malen die Figur aus und hängen sie anschließend an der Wand direkt über dem Fußboden auf. Derjenige, der dargestellt ist, darf sich davor stellen. Ein vergrößertes Foto (Kopf) kann auch eingeklebt werden.

Körperabdrücke

Wir bereiten eine große weiche Gipsplatte vor, legen eine Hand, beide Hände, einen Fuß, beide Füße in die Gipsplatte. Später versuchen wir zu erraten, von wem die einzelnen Abdrücke stammen. Auch Fußspuren im Schnee erraten. Wir erfahren, daß wir mit unserem Körper Abdrücke hinterlassen.

Spiel: Meine Füße sind verschwunden

Meine Füße sind verschwunden.
Ich habe keine Füße mehr.
Hui, da kommen meine Füße wieder her ...

Ich habe keine Hände mehr, keine Finger, keinen Daumen, keine Augen, Ohren, keine Nase ... usw.

Die genannten Körperteile werden verdeckt oder versteckt.

Spiele mit dem Cassettenrecorder

Wir nehmen unsere Stimmen auf Cassette auf, sprechen mit verstellter Stimme, singen, machen Geräusche usw. Dann müssen die anderen raten, wessen Stimme das ist.

Ähnlich kann das Spiel „Hänschen, piep mal!“ eingesetzt werden, wobei wir versuchen müssen, mit zugebundenen Augen den anderen an der verstellten Stimme, am Lachen wiederzuerkennen.

Wir erfahren bei all diesen Spielen: Ich habe einen Körper, habe Hände und Füße, eine Stimme und viele andere Merkmale, an denen ich mich und andere wiedererkennen kann.

Zu dem Lied „Ich habe einen Kopf“, S. 57, zeigen wir all das, was im Text benannt wird, an unserem Körper auf und laufen zum Schluß zum Spielleiter, der in der Mitte des Spielkreises steht.

Variation: Wir zeigen an unserem Spielpartner zu dem Lied die einzelnen Körperteile. Zum Schluß gehen wir ganz nah aufeinander zu und halten uns fest.

Tastspiele

Wir sitzen uns gegenüber. Der Spielleiter fühlt mit den Händen sein Gesicht, den Arm, den Bauch, das Haar usw. Der Mitspieler macht es ihm nach. Wir können auch den Körper unseres Mitspielers ertasten, ihn streicheln, kitzeln, zwicken, drücken, klopfen. Dann versuchen wir, mit geschlossenen Augen uns und den anderen zu streicheln, uns streicheln zu lassen.

Mit geschlossenen Augen betasten wir große, kleine, glatte, rauhe, weiche, harte Gegenstände und raten, um was es sich handelt. Die Dinge können auch in einem Sack versteckt sein. Wir greifen mit beiden Händen hinein. Wenn wir meinen, daß wir den Gegenstand richtig erraten haben, ziehen wir ihn heraus.

Ein Kind sitzt mit verbundenen Augen im Kreis. Ein Mitspieler geht herum und gibt Geräusche von sich, z. B.: in die Hände klatschen, pfeifen, trampeln. Er kann auch ein Instrument benutzen (Pfeife, Glöckchen usw.). Das Kind im Kreis soll seinen Kopf dorthin wenden oder mit den Händen zeigen, woher das Geräusch kommt.

Führen – sich führen lassen – einander vertrauen

Etwas schwieriger wird es, wenn folgende Aufgabe gestellt wird: Wenn ein Instrument erklingt, darf sich der Spieler auf seinem Platz bewegen oder von seinem Platz fortgehen. Wenn das Instrument verklungen ist, sitzt er ganz still. Durch lautes und leises Instrumentenspiel können Hilfen gegeben werden, z. B.: lautes Spiel = schnelles Bewegen, leises Spiel = langsamer werden, versuchen zum Platz zurückzukehren. Die anderen Mitspieler dürfen vorsichtig Hilfestellung geben.

Akustisches Versteckspiel

Bei einem akustischen Versteckspiel soll ein Gegenstand gesucht werden. Ertönt das Instrument ganz leise, ist man noch weit von dem versteckten Ding entfernt. Je lauter das Instrument wird, um so näher ist man am Versteck. Statt des Instrumentes kann auch ein Lied gesungen werden.

Wichtig ist, daß das Kind bei solchen Spielen Freude und Geborgenheit erfährt, daß es sich dem Spielgeschehen anvertraut und dem Mitspieler ebenfalls Vertrauen vermittelt.

2. *Ich habe eine Familie*

Statt der Kleinfamilie gibt es jetzt viele Familien, die nur aus Alleinerziehenden mit Kindern oder anderen Formen des (zum Teil zeitlich begrenzten) Zusammenlebens bestehen.

Wie bereits ausgeführt, hat sich die klassische Familienstruktur in den letzten Jahren grundlegend geändert. Neben die traditionelle Kernfamilie sind weitere Lebensmodelle getreten. Immer häufiger wachsen Kinder auch nur mit einem Elternteil auf, wobei gerade Alleinerziehende sich aufgrund von Berufstätigkeit nicht mehr rund um die Uhr um ihre Kinder kümmern können. Familien sind nicht mehr so groß wie früher, und das Zusammenleben mit den Großeltern wird in Zeiten höherer Mobilität immer seltener. All diese neuen Lebensmodelle tragen unseren gesellschaftlichen Entwicklungen Rechnung; sie bergen große Chancen, natürlich aber auch Schwierigkeiten für alle Beteiligten, besonders für die Kinder. Eine Konsequenz hieraus ist, daß der Kindergarten zu einer immer wichtigeren gesellschaftlichen Institution wird. Hier allein haben viele Kinder heutzutage noch die Gelegenheit, Gleichaltrige zu treffen, mit ihnen zu spielen und so bestimmte soziale Verhaltensweisen zu entwickeln.

Wir sollten im Kindergarten ganz direkt auf das Kind und seine Probleme in seiner Familie eingehen, wenn es sich an uns wendet oder wenn uns etwas bedrückend deutlich wird. Aber das sollte ganz behutsam und auf das einzelne Kind, nicht auf die Gruppe bezogen geschehen.

Mit allen sollen wir durchaus darstellen, wie es in einer Familie zugeht, in der man sich geborgen fühlen darf, in der man einander Freude bereitet und zu einem für alle erfreulichen Zusammenleben kommt. Wir dürfen auch Gott Dank sagen, daß er uns gute Eltern (Mutter und/oder Vater) gegeben hat, mit denen wir Tag für Tag zusammen sind.

Ich mag es, wenn es früh dunkel wird

Beispiel: Harmonisches Zusammenleben in der Familie

Wenn meine Mutter von der Arbeit nach Hause kommt, sitzen wir oft beim Spiel schon alle zusammen und warten auf sie. Heiko und Sabine sind dann auch mit ihren Schulaufgaben fertig. Manchmal liest mir Heiko, mein großer Bruder, eine Geschichte vor.

Wenn meine Mutter dann nach Hause kommt, wird es schon dunkel. Dann kocht sie Kaffee oder Tee. Wir decken den Kaffeetisch.

Manchmal gibt es auch Kuchen. Vor Weihnachten gibt es fast immer ein paar Plätzchen. Dann haben wir alle Zeit füreinander. Wir können alles bequatschen. Manchmal sitzen wir bis zum Abendbrot zusammen. Im Sommer haben wir kaum Zeit dazu. Aber im Winter ...

Deshalb mag ich es, wenn es früh dunkel wird. *Rolf Krenzer*

Methodische Anregungen zur Weiterführung des Textes

Der Text bietet eine Schilderung, wie es in einer harmonischen Familie zugehen kann. In schlichten Worten wird davon erzählt, was ein Kind in seiner Familie positiv erfahren kann. Es wird vom guten Zusammenleben berichtet und davon, daß jeder Zeit für den anderen hat.

Wenn anschließend gefragt wird: „Macht ihr das auch manchmal so?“ können Kinder erzählen, was sie sich innerhalb ihrer Familie wünschen, wie man es einrichten kann, daß man zu einer bestimmten Tageszeit auch Zeit füreinander findet, was sie von ihren Eltern und Geschwistern erwarten und was diese von ihnen selbst erwarten können.

Rollenspiel

Der Vater kommt nach Hause. Was wünscht er sich? Wie kann es wirklich aussehen? – Knut möchte mit seinen Eltern spielen, aber ...

Geschwisterkrach

Hanne ist böse auf Jörg.
Jörg ist böse auf Klaus.
Sie schau'n sich alle wütend an,
und Ärger herrscht im Haus.

Böse steh'n alle herum.
Wolken statt Sonnenschein.
Wer nahm das letzte Tortenstück
und aß es ganz allein? *Rolf Krenzer*

Zank unter Geschwistern

Zank unter Geschwistern kann es immer wieder geben. Bestimmt wäre alles ohne Krach abgegangen, wenn man das Stück geteilt hätte. Wir erzählen davon, wie wir Krach mit unseren Geschwistern hatten, wie es dann aber wieder zur Versöhnung kam.

Eventuelle Lösungsvorschläge im Rollenspiel

Solche Szenen lassen sich auch in ein kleines Rollenspiel umsetzen, wobei im Spiel selbst eventuelle Lösungen erlebnishaft gefunden werden können:

- Einer mag die Suppe nicht, die es heute zu Mittag gibt.
- Einer will eine Sendung im 1. Programm, der andere im 2. Programm des Fernsehens sehen.
- Dem älteren Bruder gefallen die Cassetten nicht, die seine Schwester lautstark immer wieder hört.

Erfahrungsgemäß fallen Kinder viele solcher Streitansätze ein, weil sie sie ja täglich erleben.

Daß es verständnisvollen Erwachsenen gelingt, den Kummer zu lindern und zu trösten, wird in dem Gedicht von Dirk und seiner Kuh erfahrbar.

Der Dirk hat eine Kuh gemalt

Der Dirk hat eine Kuh gemalt.
Die Kuh ist rund und schick.
Daß diese Kuh kein Ochse ist,
sieht man auf einen Blick.

Er zeigt dem Onkel Knut das Bild.
Der Onkel sagt gemein:
„Das schöne Tier, das du gemalt,
ist sicherlich ein Schwein!"

Und Tante Vera holt sogleich
die Lesebrille raus:
„Das Tier, das du gezeichnet hast,
sieht wie ein Auto aus!"

Der Onkel Leo guckt und lacht
dann laut vor Übermut:
„Das Tier, das du gezeichnet hast,
ist ein Zylinderhut!"

Und selbst Cousine Annegret
trägt ihren Senf noch bei:
„Das ganze Bild, das du gemalt,
ist nichts als Krakelei!"

Ganz traurig ist der kleine Dirk.
Doch Mutter sagt sodann:
„Daß diese Kuh kein Ochse ist,
das sieht man ihr doch an!"

Da drückt der Dirk die Mutter fest.
Ganz leis' muß er gestehn:
„Die Kühe, die ich male noch,
darfst du allein nur sehn!"

Rolf Krenzer

Das Gedicht von Dirk und seiner Kuh hat Ludger Edelkötter vertont. Zu finden auf der MC und im Liedheft: „Wir feiern heut' ein Fest", Impulse-Musikverlag, 48309 Drensteinfurt.

In dem Gedicht, das auch in einem Rollenspiel nachgespielt werden kann, erlebt der kleine Dirk, daß es einen Menschen gibt, der ihn ernst nimmt, der ihn versteht: seine Mutter.

Das heiter gestimmte Gedicht spricht damit eine Kindererfahrung an. Für Kinder ist es ebenso wichtig, ihnen zu sagen, daß Gott sie lieb hat und ernst nimmt (Mark. 10, 13–16). Damit diese Zusage in ihr Leben eingeht, brauchen sie Erfahrungen mit ihren Bezugspersonen, die für sie Liebe, Ernstnehmen, Angenommensein konkret erlebbar werden lassen.

Gute und schlechte Erfahrungen mit ihrer Familie, Freude, Kümmernisse und große Sorgen, die das Kind mitbekommt, können gemeinsam mit dem Erzieher in ein Gebet gebracht werden, das dem Kind Hilfen erschließt, sich selbst in einer Not und mit seiner Freude mit eigenen Worten an Gott zu wenden.

Gebete

Beispiel: Mit eigenen Worten sich an Gott wenden, beten

Vati sagt zu Mutti: Liebling. Er gibt ihr einen Kuß, wenn er zur Arbeit geht. Du hast mir einen guten Vati gegeben. Ich danke dir, lieber Gott.

Lieber Gott, Papa hat sich über mich geärgert. Das tut mir leid. Entschuldigt habe ich mich schon. Aber ich weiß nicht, ob jetzt alles wieder gut ist. Bitte mach, daß sein Ärger bald vorbeigeht und alles wieder gut wird.

Meine Mutter/mein Vater ist arbeitslos. Meine Eltern sind oft traurig, weil das Geld nicht reicht. Alles ist so teuer. Lieber Gott, gib meiner Mutter/meinem Vater wieder Arbeit. Lieber Gott, hilf, daß meine Eltern nicht mehr so traurig sind. Lieber Gott, hilf uns allen.

Der Abdruck der Gebete aus dem Kindergebetbuch: „Halte zu mir heute, guter Gott“, erfolgt mit freundlicher Genehmigung des Lahn-Verlages, Limburg.

Lieber Gott, wenn sich meine Eltern streiten, ist es bei uns zu Hause überhaupt nicht schön. Ich will zu keinem halten. Ich habe doch beide lieb, den Papa und die Mutti. Hilf ihnen doch, daß sie nicht wieder streiten.

Ich danke dir, Gott, für meine Großeltern. Sie erzählen mir Geschichten und helfen mir viel. Sie haben Zeit für mich. Bitte, lieber Gott, ich möchte sie noch lange behalten.

Freies Gebet

In Gebeten kann die persönliche Note und der persönliche Dank Gott vorgetragen werden. Zu den von allen gesprochenen Gebetsreimen sollte immer wieder das freie Gebet gesprochen werden. Es kann ein Gebet sein, in dem sich jedes Kind ein Stück wiederfindet. Es kann aber auch ein Gebet mit dem einzelnen Kind sein.

Als Mutti krank wurde

Die Mutter ist erkrankt. Vater und Sohn müssen ohne sie auskommen. Übernahme einzelner Pflichten

Benjamin war schon mal krank gewesen. Das war gar nicht schön. Da war der Arzt gekommen und hatte Medizin verschrieben. Und die Mutti hatte ihm Umschläge gemacht, das Fieber gemessen und ihm vorgelesen. Immer hatte sie an seinem Bett gesessen.

Aber daß Mutti einmal krank werden könnte, daran hatte Benjamin noch nie gedacht.

Am Morgen hatte ihn Papa geweckt. Aber das war ganz anders gewesen als samstags oder sonntags, wenn Papa ihn sonst manchmal

Sorge, Angst um einen Menschen, den man lieb hat, aber auch Hilfe und Trost durch andere Menschen

weckte. Sonst hatte Papa ihn wach gekitzelt und lauter Unsinn gemacht. Heute morgen hatte er ernst ausgesehen.

„Du bist jetzt ein ganz großer Junge!" hatte Papa zu Benjamin gesagt. „Versuch mal, dich ganz allein zu waschen und anzuziehen."

„Warum kommt Mutti nicht?" hatte Benjamin gefragt.

„Mutti ist krank!" hatte Papa geantwortet und war schnell aus dem Zimmer gegangen.

„Darf ich zu ihr?" Aber Papa hatte nur den Kopf geschüttelt.

Benjamin hatte sich schon manchmal ganz allein gewaschen und angezogen. Aber viel lieber war es ihm, wenn Mutti ihm dabei half. Dann ging es auch viel, viel schneller.

Nicht einmal ein Frühstück für Benjamin hatte Papa vorbereitet. Dafür telefonierte er jetzt schon mit Tante Erika, Muttis Schwester. Und dann schellte es, und Frau Siebert von nebenan kam. Sie wollte Benjamin heute zum Kindergarten bringen. Sie hatte auch ein Butterbrot für Benjamin dabei.

„Heute mittag kommt Tante Erika!" sagte sein Vater.

„Und Mutti?" fragte Benjamin und spürte, wie ihm die Tränen in die Augen stiegen. Er hatte solche Angst um seine Mutti.

„Als du noch geschlafen hast, war schon der Arzt hier. Mutti hat Schmerzen. Deshalb hat er ihr eine Spritze gegeben. Ich bringe sie mit dem Auto in die Klinik."

„Und dann?" fragte Benjamin und nahm sich ganz fest vor, jetzt nicht laut zu weinen.

„Der Arzt hat gesagt, es ist nur eine ganz kleine Operation. Und dann kommt Mutti wieder nach Hause."

Dann hat Frau Siebert Benjamin zum Kindergarten gebracht. Sie hat leise mit Frau Peters gesprochen. Das hat Benjamin genau gesehen. Benjamin weiß nicht, was er heute hier im Kindergarten soll. Er hat keine Lust zum Spielen. Er muß immer an Mutti denken. Beim Frühstück setzt sich Frau Peters neben Benjamin an den Tisch.

„Hm!" sagt sie und packt das Brötchen und die Apfelsine aus, die Frau Siebert für Benjamin eingepackt hat.

„Ich mag nicht!" flüstert Benjamin.

Da legt Frau Peters den Arm um ihn und drückt ihn ganz fest.

„Deine Mutti ist bald wieder gesund. Ganz bestimmt!" sagt sie so leise, daß es nur Benjamin hören kann.

„Weiß du das?" fragt Benjamin und spürt, daß alles plötzlich etwas leichter wird. Frau Peters nickt. „Ich war auch schon mal in der Klinik. Es war die gleiche Operation wie bei deiner Mutti."

„Ehrlich?" fragt Benjamin und spürt, daß ihm noch viel, viel leichter wird.

„Ehrlich!" sagt Frau Peters und lächelt.

„Hat sie Schmerzen bei der Operation?" fragt Benjamin.

„Sie spürt nichts davon. Sie schläft, wenn der Arzt operiert!"

„Hast du auch nichts gespürt?"

Frau Peters schüttelt den Kopf, und Benjamin glaubt ihr. Da greift er nach dem Brötchen und beißt herzhaft hinein.

Rolf Krenzer

Methodische Anregungen zur Weiterführung des Textes

Der Text regt zu einem Gespräch über Situationen an, in denen Kinder mit eigener Krankheit oder mit Krankheit der Eltern und Geschwister konfrontiert wurden.

Wie war das, als dein Vati krank wurde, deine Mutti, dein Bruder, dein Großvater, deine Großmutter? Was habt ihr getan? Was hast du getan?

Wenn man in so großer Not ist, kann man auch beten und Gott seine Sorgen vortragen.

Wir können überlegen, was Frau Peters und Benjamin oder Benjamin ganz allein Gott sagen könnte.

Peters Papa

Andere Väter mögen stärker und größer sein. Peter hat seinen Vater am allerliebsten.

„Mein Vater ist der größte Mann, den ich kenne!" sagt Susanne. „Er ist so groß, daß er sich immer bücken muß, wenn er durch die Tür will!"

„Mein Papa ist der stärkste!" sagt Gernot. „Gegen den kommt keiner an!"

„Und mein Vater fährt am besten Auto!" ruft Sylvia. „Er überholt jeden auf der Autobahn! Aber auch jeden!"

„Und meiner!" prahlt Kerstin. „Mein Vater ist der beste Schwimmer, den es nur gibt. Seine Preise und Auszeichnungen solltet ihr mal sehen. Die hat mein Vater alle zu Hause!"

Achims Vater ist der beste Motorradfahrer. Kathis Vater ist der beste Busfahrer. Und Lottis Vater ist der beste Architekt, den es gibt. Da macht es Lotti gar nichts aus, daß er nicht mehr bei ihnen zu Hause ist, sondern mit einer anderen Frau in einer anderen Stadt wohnt. Er ist jedenfalls der beste Architekt auch dort in der fremden Stadt.

„Was hast du denn von deinem Papa gesagt?" fragt Mutti, als Peter ihr beim Mittagessen alles erzählt.

„Gar nichts!" sagt Peter. „Sie hätten doch nur gelacht."

„Ist denn dein Papa gar nichts?" fragt seine Mutter erstaunt.

„Doch!" antwortet Peter. „Er ist nicht der stärkste und nicht der größte. Aber er ist der liebste Papa, den es gibt!" Mutti lächelt. Da meint Peter: „Ehrlich, die hätten das nicht verstanden!"

Rolf Krenzer

Der Text drückt die enge Verbundenheit des Kindes zu seinen Eltern aus. Wir können darüber sprechen, was wir an unseren Eltern am meisten mögen. Im Rollenspiel läßt sich die Szene noch erweitern, weil noch viel zu den Vätern einfallen kann. Man kann es auch auf andere Familienangehörige übertragen: die beste Mutter, Oma, Opa, der beste Bruder, die beste Schwester usw.

Mein Vater

Text: Rolf Krenzer Musik: Wolfgang Jehn

2. Mein Vater regt sich sehr schnell auf
   und poltert nicht zu knapp.
   Doch wenn ich dann ganz ruhig bin,
   regt er sich wieder ab.
   Ja, ich und mein Vater ...

3. Mein Vater liest mein Zeugnis vor,
   da fällt manch lautes Wort.
   Dann lobt er mich trotz allem noch
   für meine Zwei in Sport,
   Ja, ich und mein Vater ...

4. Mein Vater ist kein Supermann,
   er hat so manchen Tick.
   Doch daß wir zwei uns gut verstehn,
   sieht man auf einen Blick.
   Ja, ich und mein Vater ...

Was man beim gemeinsamen Zusammenleben in der Familie erleben kann, wie fröhlich es dort zugeht, machen erlebnishaft die beiden folgenden Spiellieder deutlich: „Wenn's zu Haus viel Arbeit gibt" (Song vom guten Zusammenleben) und „Ja, ja, bei uns ist immer was los."

Einer macht es vor, und alle ahmen es mimisch, gestisch und pantomimisch nach. Bei diesem Lied können alle mitagieren.

Wenn's zu Haus' viel Arbeit gibt

Text: Rolf Krenzer
Musik: Lele und Detlev Jöcker

Aus MC und Spielheft: „Und sie fingen an, fröhlich zu sein." Sing- und Mitmachspiel zum Gleichnis vom verlorenen Sohn. Kopier- und Verlagsrechte im Menschenkinder Verlag, An der Kleimannbrücke 97, 48157 Münster.

2. Wollen wir im Garten graben,
packt ein jeder zu.
Und zusammen, ja, zusammen
schaffen wir's im Nu.

3. Wollen wir die Äpfel pflücken,
packt ein jeder zu.
Und zusammen, ja zusammen
schaffen wir's im Nu.

4. Wollen wir die Straße fegen,
packt ein jeder zu.
Und zusammen, ja zusammen
schaffen wir's im Nu.

5. Woll'n wir unser Essen kochen,
packt ein jeder zu.
Und zusammen, ja zusammen
schaffen wir's im Nu.

6. Wollen wir zusammen feiern,
packt ein jeder zu.
Und zusammen, ja zusammen
schaffen wir's im Nu.

7. Wollen wir zusammen tanzen,
packt ein jeder zu.
Und zusammen, ja zusammen
schaffen wir's im Nu.

8. Sind wir müde von der Arbeit,
decken wir uns zu.
Und zusammen, ja zusammen
schlafen wir im Nu ...

Hier können weitere Tätigkeiten spontan eingesetzt werden, z. B. ein Brett zersägen, die Schafe hüten, die Kühe melken ... Das Lied macht noch mehr Spaß, wenn wir zu dem HEI immer hoch in die Luft springen. Bei der letzten Strophe legen wir uns hin, schlafen und streicheln uns. Dazu singen wir statt HEI:EI.

Ja, ja, bei uns ist immer etwas los Text: Rolf Krenzer Musik: Ludger Edelkötter

Dienstag, da ist Putztag
Mittwoch, da ist Kitzeltag — Ja, ja bei uns ist immer etwas los,
Donnerstag ist Wandertag — immer etwas los,
Freitag, da ist Disco — immer etwas los.
Samstag, da ist Wuscheltag — Ja, ja, bei uns ist immer etwas los,
Sonntag, da ist Kuscheltag — immer etwas los.

Wer das Gedicht: „Der Herr, der schickt den Jockel aus", kennt, weiß auch, wie dieses Lied gesungen wird.

Es beginnt ganz einfach mit dem Montag.

Dann wird beim nächsten Durchgang der Montag wiederholt und der Dienstag angehängt.

Beim dritten Durchgang sind es schon Montag, Dienstag und Mittwoch.

So wird das Lied von Strophe zu Strophe länger.

Die Mitspieler bestimmen selbst, was an den einzelnen Tagen geschehen soll Auch den „Wuscheltag" und den „Kuscheltag" nicht vergessen!

Bis Mittwoch sieht es schon so aus:

Montag, da ist Waschtag,
Waschtag, Waschtag.
Dienstag, da ist Putztag,
Putztag, Putztag.
Mittwoch, da ist Kitzeltag,
Kitzeltag, Kitzeltag.
Donnerstag ist Wandertag.
Da geht die Familie ran.
Ja, ja, bei uns ist immer etwas los ... usw.

Nun soll das ganze Lied aber nicht nur gesungen, sondern auch noch gespielt werden. Das heißt, daß zu jedem Tag auch eine typische Bewegung hinzukommt. Montag = Waschtag = Wäsche waschen, rubbeln, auswringen, aufhängen ... oder sich selbst waschen.

Dienstag = Putztag = putzen, kehren, Staub wischen ... usw.

Wenn wir das Wochentaglied spielen, dann können die Mitspieler selbst bestimmen, was an den einzelnen Tagen los sein soll. Und dann kommen die schönsten Sachen dabei heraus, z. B. Sporttag, Schwimmtag, Putztag, Kochtag, Kirchtag, Feiertag, Kitzeltag, Schnarchtag, Kriechtag, Kratztag, ...

Und noch etwas: Wir können das Lied von Durchgang zu Durchgang immer schneller singen, so daß wir am Ende ganz außer Puste sind.

Weitere „Kuschel-Lieder" findet man auf der MC und im Liedheft: „Hast du etwas Zeit für mich?", Impulse-Musikverlag, 48309 Drensteinfurt

3. Ich habe Freundinnen und Freunde

Ich bin Tag für Tag mit Kindern zusammen, die anders sind als ich. Kinder, die behindert sind, weil sie manches nicht können, was ich kann, und Kinder, die anders sind, anders sprechen, woanders herkommen, einen anderen Glauben haben: Gezielte Friedenserziehung ist Erziehungsprinzip.

Im Kindergarten bahnen sich erste Freundschaften an.

Im Kindergarten bahnen sich die ersten Freundschaften an; ebenfalls werden erste tiefgreifende negative Auseinandersetzungen erkennbar. Die tägliche Begegnung in der Gruppe, das miteinander Spielen und Singen, das gemeinsame Frühstücken, das Bauen und Basteln bringt Kinder einander näher. Ebenso bewirkt es vertraute Kontakte zu der Erzieherin, die von jedem Kind positiv erlebt werden, wenn sich die Erzieherin kontaktfreudig und ehrlich in diese ihm anvertraute Gruppe einbringt. Gott will, daß wir gut zusammenleben. Jesus selbst hatte Freunde, Jünger, die mit ihm zusammen waren, die mit ihm die Freude teilten, aber auch die Mühe der Wanderschaft, schließlich den Tod. Wo zwei oder drei in seinem Namen versammelt sind, dort ist er mitten unter ihnen.

Möglichkeiten positiver Zuwendung im Lied und Spiel

Wir haben die Möglichkeit, mit Lied und Spiel dem anderen in einer von jedem als beglückend und erlebnisreich empfundenen Situation zu begegnen, ihn näher kennenzulernen, ihn zu berühren, gut zu ihm zu sein, aber auch sich von ihm berühren zu lassen, seine Zuwendung zu erfahren und sich in dem gemeinsamen Tun wohlzufühlen. So werden viele Lieder, die solche Situationen ermöglichen, sehr schnell zu Lieblingsliedern. Wichtig ist, daß die Erzieherin selbst mitmacht und sich selbst in das Wagnis eines solchen Spiels begibt.

Das Angebot stellt einige Möglichkeiten dar, will anregen, Mut machen, es einmal mit solchen Spielliedern zu versuchen. Derjenige, der ein solches Lied dann einsetzt, wird an sich und an der Gruppe erfahren, wie viele Möglichkeiten in ihm stecken, wozu es anregen kann und welche Kräfte der Fantasie und Kreativität hierbei plötzlich und spontan frei werden.

Streit mit Cornelia

Erster Streit, ausgelöst durch falsches Verhalten eines Freundes. Möglichkeit der Versöhnung

Sandra will nie mehr mit Cornelia spielen. Nie mehr! Das hat sie sich fest vorgenommen. Heute morgen im Kindergarten hat Cornelia laut gelacht, als Sandra das mit dem Kakao passiert ist. Daß man nach dem Trinken die Tasse nicht mehr richtig auf den Tisch stellt, daß die Tasse umkippt und der Kakao, der noch drin war, über das neue weiße Kleid schwappt, das kann jedem einmal passieren.

Frau Buchmüller hat das auch gesagt und das Kleid so gut es ging ausgewaschen. Alle haben Sandra getröstet, weil sie sich so erschreckt hatte. Alle. Nur Cornelia nicht!

Cornelia hat laut gelacht, als Sandra in ihrem weißen Kleid mit dem großen braunen Fleck dastand. Richtig ausgelacht hat sie Sandra. Und Cornelia ist Sandras beste Freundin.

Nein! Cornelia *war* ihre beste Freundin!

Das ist jetzt aus.

Sandra hat den ganzen Tag kein Wort mehr mit Cornelia gesprochen.

Cornelia hat ihr später ein Bonbon schenken wollen und noch später sogar das neue Puppenkleid, das sie erst seit gestern besitzt. Aber Sandra hat sich abgewendet, ist einfach davongegangen. Nein, Cornelia ist nicht mehr ihre Freundin. Sie will nie mehr mit Cornelia spielen. Nie mehr!

Am Nachmittag klingelt es. Cornelias Mutter ist gekommen.

Ob Sandra vielleicht mit Cornelias Mutter sprechen würde, fragt Mutti.

Cornelias Mutter ist immer sehr lieb zu Sandra gewesen. Sie kann nichts dafür, daß sie eine so scheußliche Tochter hat. Deshalb ist Sandra schließlich bereit, mit Cornelias Mutter zu sprechen.

„Cornelia ist sehr traurig!" sagt die Mutter. „Sie weint und hat mich so lange gebettelt, bis ich zu dir gekommen bin!"

„Warum ist sie nicht selbst gekommen?" fragt Sandra.

„Sie getraut sich nicht mehr, weil du im Kindergarten nichts mehr von ihr wissen wolltest. Aber ihr seid doch Freundinnen!"

„Wir waren Freundinnen!" sagt Sandra leise und merkt, daß es ihr innendrin sehr weh tut.

„Sie hat dich ausgelacht!" sagt Cornelias Mutter.

Sandra nickt und kämpft mit den Tränen.

„Du weißt doch, daß sie über alles lachen muß!" versucht die Mutter zu erklären. „Sie ist so albern. Und hinterher tut es ihr manchmal leid. Sie sagte, es sei so lustig gewesen."

„Für mich war das nicht lustig!" sagt Sandra.

„Jetzt ist es für Cornelia auch nicht mehr lustig!" meint die Mutter.

„Jetzt ist sie so traurig, daß sie nur noch weint, seit sie aus dem Kindergarten nach Hause gekommen ist. Sie will auch gar nichts essen."

Da hat Sandra plötzlich Mitleid mit Cornelia. Sie weiß ja auch, wie schlimm es ist, wenn man plötzlich lachen muß und andere sich darüber ärgern.

„Sag ihr ...", beginnt sie zögernd, „wenn sie Lust hat, kann sie noch ein bißchen zu mir kommen!"

Als dann Cornelias Mutter geht, nimmt sich Sandra vor, zuerst noch ein bißchen böse zu sein, aber nur ein bißchen. Aber dann will sie versuchen, alles zu vergessen. Schließlich ist Cornelia ihre beste Freundin.

Rolf Krenzer

Streitigkeiten untereinander gibt es immer. Wichtig ist aber, daß danach ein Weg zur Versöhnung gefunden wird. Die Kinder können von Streitigkeiten erzählen, die sie selbst erlebt haben, aber auch davon, wie es wieder zu einer Versöhnung gekommen ist.

Im Rollenspiel lassen sich Situationen, die zu Streitigkeiten führen, darstellen, aber auch Lösungen finden.

Streitlied aus MC und Liedheft: Biblische Spiellieder zum Misereor-Hungertuch aus Haiti. Alle Rechte beim Impulse-Musikverlag, 48309 Drensteinfurt.

Streit, Streit, Streit ... Text: Rolf Krenzer Musik: Ludger Edelkötter

2. Streit, Streit, Streit.
   Es ist sehr schnell soweit.
   Wenn zwei sich nicht vertragen,
   wenn sie sich Böses sagen
   und endlich gar noch schlagen ...
   Ja, dann ist es soweit:
   Nichts als Streit, Streit, Streit!

3. Streit, Streit, Streit.
   Es ist sehr schnell soweit.
   Keiner will unterliegen,
   den andern nur besiegen.
   Und so kommt es zu Kriegen ...
   Ja, dann ist es soweit:
   Nichts als Streit, Streit, Streit!

4. Seid euch gut!
Bezwingt doch eure Wut!
Laßt es damit bewenden.
Laßt uns den Streit beenden,
faßt fest euch an den Händen,
bezwingt doch eure Wut!
Seid euch wieder gut!

Im folgenden Lied werden negative Verhaltensweisen genannt und positiven gegenübergestellt. Wenn sich alle um gutes Zusammenleben bemühen, dann können einzelne Menschen, aber auch Gruppen besser miteinander auskommen.

Miteinander sprechen Text: Rolf Krenzer Musik: Peter Janssens

Aus MC und Liedheft: „Ich schenk' dir einen Sonnenstrahl", Rechte im Peter Janssens Musik Verlag, 48291 Telgte.

2. Miteinander lachen
ist besser als verkrachen.
Miteinander danken
ist besser als sich zanken.
Miteinander essen
läßt manchen Streit vergessen.
Miteinander lachen
ist besser als verkrachen.

3. Miteinander singen
ist besser als zu ringen.
Eine Brücke bauen
ist besser als zu hauen.
Sich versöhnen lassen
ist besser als zu hassen.
Miteinander singen
ist besser als zu ringen.

4. Wenn wir uns vertragen,
braucht keiner sich zu schlagen,
sich nicht zu bekriegen
und nicht im Kampf zu siegen.
Und es gibt ab heute
dann viel mehr frohe Leute.
Laßt es uns mal wagen
und uns heut gut vertragen.

Brücken bauen von einem Menschen zum andern

Zu dem Text des Liedes werden pantomimisch alle möglichen Formen von Drohhaltungen ausprobiert. Wir können uns dabei so wütend angucken, daß wir lachen müssen. Wir stehen uns in der ersten Strophe zu zweit gegenüber, bei der zweiten zu viert. Zu der dritten Strophe fassen wir uns an den Händen und bilden im Kreis eine Brücke von einem zum anderen. Dann gehen wir immer näher aufeinander zu und legen zur letzten Strophe die Arme über unsre Schultern.

Neu im Kindergarten

Eingewöhnen in eine neue Umgebung. Schwierigkeiten des Einfindens in eine neue Gruppe. Anbahnung neuer Freundschaften. Verständnis für den andern

Till fühlt sich gar nicht wohl, als er im Gruppenraum des Kindergartens an der Hand von Frau Bergmann steht.

„Till gehört jetzt zu uns!" sagt Frau Bergmann und führt Till zur Spielecke. Die anderen Kinder blicken neugierig zu ihm auf, sehen ihn an, mustern ihn.

Till ist immer gern in den Kindergarten gegangen. Er hat auch viele Freunde dort gehabt. Aber das war in München gewesen. Und jetzt ist er mit seinen Eltern nach Düsseldorf gezogen. Es fällt ihm schwer, sich hier einzugewöhnen. Die Leute sprechen so anders. Überhaupt ist alles so ganz anders als in München. Alles ist fremd, und er kennt keinen einzigen Menschen.

„Grüß Gott!" sagt er schließlich, als alle ihn anstarren.

Da fangen die Kinder laut an zu lachen. „Grüß Gott" hat hier im Kindergarten in Düsseldorf noch keiner gesagt.

„Er kommt aus Bayern!" sagt Frau Bergmann und nimmt Till in den Arm. „Dort sprechen die Leute ein bißchen anders als hier. Ick hawe och lange jebraucht, bis ick mir hier einjewöhnt hawe!"

Jetzt lachen die Kinder nicht mehr über Till, sondern über Frau Bergmann. Sie spricht so komisch!

„Da kiekt ihr, wa?“ lacht Frau Bergmann laut mit. „Ick komme nämlich direktemang aus Berlin. Ick bin von Berlin nach Düsseldorf jezogen. Un Berlin is det Schönste überhaupt!“

Die Kinder schütten sich aus vor Lachen, weil Frau Bergmann so seltsam redet. Aber dann wird Frau Bergmann ernst und sagt: „Was meint ihr wohl, wie sie in Bayern oder in Berlin lachen würden, wenn sie euch reden hörten. Man spricht nämlich überall in Deutschland etwas anders.“

Till hat zuerst ganz still zugehört. Als dann aber Frau Bergmann so komisch gesprochen hat, da hat er auch ein bißchen lachen müssen.

„I hob dich kaum verstanden!“ sagt er schließlich.

„Wir auch nicht!“ rufen die anderen. „Sag es doch einmal richtig!“

„Das ist in Berlin sehr richtig!“ lacht Frau Bergmann, sagt aber dann alles noch einmal ganz langsam und so hochdeutsch, daß die Düsseldorfer Kinder sie auch verstehen können.

„Gibt’s in Bayern auch so viele Bausteine im Kindergarten?“ fragt Sven und lädt Till ein, sich zu ihm zu setzen.

„Schon, aber auch viele Autos!“ meint Till. „Eins hob i hier!“ Da dauert es nicht lange, bis viele Kinder um Till herumsitzen und sein Auto probieren wollen, das er im richtigen Augenblick aus der Hosentasche gezogen hat.

Da stört es keinen mehr, daß man manchmal noch einmal nachfragen muß, wenn man zunächst die Sprache des anderen nicht richtig versteht.

Als aber Frau Bergmann den Kakao und die Milch auf den Tisch stellt und zum Frühstück einlädt, da springen alle auf. Und auch Till weiß, was das bedeutet.

„Oh, Brotzeit!“ ruft er.

„Er meint Frühstück“, schreit Sabine und freut sich, daß sie gleich verstanden hat, was Till meint.

„Das ist ein schönes Wort!“ lacht Gerd. „Viel schöner als Frühstück!“

„Bei mir ist heute Brötchenzeit!“ sagt Ingo und packt zwei große dick mit Wurst belegte Brötchen aus seiner Tasche aus und legt sie vor sich auf den Tisch.

Rolf Krenzer

Methodische Anregungen zur Weiterführung von Texten

Der Text fordert dazu auf, im Rollenspiel unterschiedliche Dialekte oder Sprachen auszuprobieren, neue lustige Situationen zu erfinden und auszuspielen.

Kinder, die andere Sprachen sprechen, können mit Zeichen, Bildern erklären, was die einzelnen Wörter bedeuten. Viel Spaß macht es auch, wenn man eine Geheimsprache entwickeln kann, zum Beispiel die B-Sprache: Ibich hababebe dibich sobo gebern usw.

Einstimmungslied in einen Elternabend

Der Spielleiter beginnt, geht auf einen Mitspieler im Kreis zu, stellt sich neben ihn und reicht ihm dann die Hand. Er geht mit ihm im Kreis herum, hängt sich bei ihm ein usw. Beim nächstenmal darf jeder zu einem anderen gehen, sich an seine Seite stellen, ihm die Hand geben usw. Ein solches Lied läßt sich auch als Einstimmungslied zu einem Elternabend einsetzen, weil dann, wenn man einmal zusammen gesungen und gelacht hat, viele Hemmungen verschwunden sind, so daß man viel freier und fröhlicher miteinander umgeht. Und auch die, die sonst lieber nichts sagen, werden leichter zum Sprechen angeregt.

Weil ich grad dich so gerne mag Text: Rolf Krenzer Musik: Peter Janssens

Aus MC und Liedheft: „Ich schenk' dir einen Sonnenstrahl", Rechte im Peter Janssens Musik Verlag, 48291 Telgte.

2. Weil ich grad dich so gerne mag,
sag ich dir klipp und klar:
Wenn du mir deine Hände gibst,
dann ist das wunderbar.
Na klar, na klar,
wenn du mir deine Hände gibst,
dann ist das wunderbar.

3. Weil ich grad dich so gerne mag,
sag ich dir klipp und klar:
Häng dich ein bißchen bei mir ein,
dann ist das wunderbar.
Na klar, na klar,
häng dich ein bißchen bei mir ein,
dann ist das wunderbar.

4. Weil ich grad dich so gerne mag,
sag ich dir klipp und klar:
Wenn du mit mir spazieren gehst,
dann ist das wunderbar.
Na klar, na klar,
wenn du mit mir spazieren gehst,
dann ist das wunderbar.

5. Weil ich grad dich so gerne mag,
sag ich dir klipp und klar:
Leg einfach deinen Arm um mich,
dann ist das wunderbar.
Na klar, na klar,
leg einfach deinen Arm um mich,
dann ist das wunderbar.

6. Weil ich grad dich so gerne mag,
sag ich dir klipp und klar:
Wenn du mit mir ein Tänzchen wagst,
dann ist das wunderbar.
Na klar, na klar,
wenn du mit mir ein Tänzchen wagst,
dann ist das wunderbar.

7. Weil uns das Tanzen Freude macht,
das weiß doch jedermann,
fängt unser Lied und unser Tanz
nochmal von vorne an.
Ja dann, ja dann
fängt unser Lied und unser Tanz
nochmal von vorne an.

Im Spiellied ergeben sich die unterschiedlichsten Möglichkeiten, Formen des Miteinanders zu erleben. Dabei ist die harmonisch gestimmte Melodie des einzelnen Liedes Basis für ein freundliches und vertrauensvolles Umgehen miteinander. Selbst dann, wenn sonst als unangenehm empfundene Äußerungen (meckern, schimpfen, usw.) dann mimisch und gestisch und auch akustisch dargestellt werden, bleibt die Harmonie bestehen, so daß man meckern, schimpfen usw. darf. Auch sonst immer verdrängte oder als Fehlanpassung angesehene Äußerungen dürfen ausgelebt werden.

Wenn in den letzten Jahren ganz bewußt und systematisch ein Abbau von Vorurteilen gegenüber anderen nicht nur über entsprechende Floskeln, Politikerreden und Sonntagspredigten tatsächlich praktiziert und in eigenes Handeln umgesetzt wurde, so ist das an erster Stelle im Kindergarten geschehen.

Es gibt viele Lieder, die die Gleichberechtigung und Gleichwertigkeit aller Menschen ansprechen, hier besonders die Integration behinderter Kinder, die ebenfalls im Kindergarten immer wieder praktiziert wurde und wird, auch bereits zu einer Zeit, als es noch keine Lieder zu dieser Thematik gab.

Als Beispiel soll hier ein Lied stehen, das mit der großen Aktion „Fremde werden Freunde" in die Kindergärten kam und inzwischen weit verbreitet ist:

Das Brückenlied

Die beiden letzten Zeilen der ersten Strophe können je nach Situation verändert werden, z. B.: ***Deine Hand ist so, meine Hand ist so. Wenn wir uns die Hände geben, sind wir beide (alle) froh.***

Weitere Lieder in:
Rolf Krenzer (Hrsg.): Ich freu mich, daß du da bist, Gut, daß es dich gibt (2 Liedersammlungen), Herder, Freiburg.
Das große Liederbuch, Gottes guter Segen, Heute wird es wieder schön (3 Liedersammlungen), Lahn Verlag, Limburg.
Rolf Krenzer (Hrsg.): Gottes guter Segen (Sammlung), Lahn-Verlag, Limburg.
CD/MC und Lied- und Spielheft: Fremde werden Freunde, Kontakte Verlag, 59558 Lippstadt.
CD/MC/Buch: Lieber Frühling, lieber Sommer, Menschenkinder Verlag, 48157 Münster.
MC/Liedheft: Deine Welt ist meine Welt (zu dem Buch bei Herder), Menschenkinder Verlag, 48157 Münster.
MC/Liedheft: Ein kleiner Spatz von irgendwo, Peter Janssens Verlag, 48291 Telgte.
CD/MC/Liedheft: Tag für Tag, Jahr für Jahr, Peter Janssens Verlag, 48291 Telgte.
CD/MC/Liedheft: Ein ganzer Tag voll Sonnenschein, Abakus Musikverlag, 35753 Greifenstein.

Unsre Hände sollen eine starke Brücke sein

Text: Rolf Krenzer Musik: Reinhard Horn

2. Hand in Hand zu stehn,
ist für uns ein Glück.
Drückst du mir die Hände,
drück' ich gleich zurück.
Stehn wir Hand in Hand,
egal, wie du auch heißt,
verbindet uns ein festes Band,
das niemals mehr zerreißt.

3. Jeder wird zum Stein,
der die Brücke hält.
So führt die starke Brücke
hier von dir bis in die Welt.
Keiner ist zu schwach,
und keiner ist zu klein.
Für unsre Brücke wird ein jeder
grade richtig sein!

Ein harmonisches Zusammenleben mit ganz unterschiedlichen, anderen Menschen ist wesentliches Ziel einer dringend notwendigen aktuellen Erziehung. Dies wird im Kindergarten – und hier wesentlich ausgehend von der religiösen Erziehung – verwirklicht und praktiziert.

4. Ich erfahre von den Problemen, die uns bedrücken, und suche mit anderen Kindern und Erwachsenen nach möglichen Hilfen

Die beiden Lieder auf den folgenden Seiten machen deutlich, daß es mir nicht einen Tag so gut geht wie den anderen. Schlechte Laune wirkt sich auch auf andere aus. Aber es gibt auch Menschen, die mir helfen, über meine schlechte Laune hinwegzukommen, die mich trösten und wieder zum Lachen bringen.

Ich kann anderen ebenso helfen, damit der Tag auch für sie wieder schön wird.

Manchmal kommt es auch ganz darauf an, wie man die Sache sieht, zum Beispiel in der folgenden Geschichte vom Pechtag.

Was zunächst negativ erscheint, kann sich positiv auswirken. Pech – Glück: Vieles liegt an einem selber.

Der Pechtag

„Heute ist mein Pechtag!" sagte die alte Frau, als ihr der Zug vor der Nase wegfuhr. Eigentlich wollte sie heute in die Stadt fahren und sich eine neue Lesebrille kaufen, weil sie ihre alte verloren hatte. Acht Tage lang hatte sie überall gesucht. Da hatte sie es endlich aufgegeben. Die Brille hatte sie liebgewonnen, und es tat ihr leid, daß sie nun eine neue kaufen mußte. Als sie nach Hause kam und die Haustür öffnete, fiel der große Blumentopf mit Gepolter von der Fensterbank im Wohnzimmer herunter.

„Heute ist mein Pechtag!" sagte die alte Frau und zog schnell ihren Mantel aus. Dann kehrte sie die Erde zusammen. Zum Glück war der Topf nicht kaputt. Da konnte sie ihn wieder auf die Fensterbank stellen. Dabei bemerkte sie, daß sie vergessen hatte, das Fenster zu schließen. „Heute ist mein Pechtag!" sagte die alte Frau. „Jeder Einbrecher wäre leicht durch das offene Fenster in die Wohnung gekommen, wenn ich in der Stadt gewesen wäre!" Als sie in das Badezimmer ging, spritzte Wasser aus der Waschmaschine. „Heute ist mein Pechtag!" sagte die alte Frau. „Ausgerechnet heute geht die Waschmaschine kaputt. Wenn ich in der Stadt gewesen wäre, wäre das Wasser in die ganze Wohnung gelaufen!" Sie stellte schnell die Waschmaschine ab und lief zum Telefon und bestellte den Kundendienst. Dann räumte sie die schmutzige Wäsche aus der Waschmaschine heraus.

Sie legte alles vorsichtig in den großen Wäscheeimer. Dabei fliegt ihr die blaue Schürze aus der Hand.

„Heute ist mein Pechtag!" sagte die alte Frau und bückte sich, um die Schürze aufzuheben. Als sie die Schürze in den Eimer legen wollte, bemerkte sie, daß noch etwas in der Schürzentasche war.

„Heute ist mein Pechtag!" sagte die alte Frau. „Da hätte ich doch beinahe etwas in der Waschmaschine mitgewaschen, was gar nicht gewaschen werden soll." Wie staunte sie aber, als sie in die Schürzentasche hineingriff. Zuerst wollte sie es gar nicht glauben. Aber dann sah sie es mit eigenen Augen: Da war ihre Lesebrille!

Jetzt klingelte es an der Tür. Als die alte Frau öffnete, brachte ihr der Postbote ein großes Paket von ihrer Tochter. „Eigentlich wollte ich in die Stadt fahren!" sagte die alte Frau zu dem Postboten. „Dann hätten Sie mich nicht angetroffen!" „Da haben Sie ja Glück!" meinte der Postbote. „Sonst hätten Sie sich das schwere Paket selbst auf der Post abholen müssen!"

Dann kam der Kundendienst und reparierte die Waschmaschine.

Am Nachmittag setzte sich die alte Frau ihre Lesebrille auf und sagte: „Heute ist mein Glückstag! Ich habe ein Paket bekommen. Die Waschmaschine ist repariert. Ich konnte das Fenster noch rechtzeitig schließen. Der Blumentopf ist nicht kaputt. Und ich habe meine Lesebrille wieder.

Ja. Heute ist mein Glückstag!"

Rolf Krenzer

Ebenso kann ein Gedicht, das wegen seiner Übertreibung zum Lachen bringen kann, etwas bewirken:

Ich hab' heute schlechte Laune

Text: Rolf Krenzer Musik: Wolfgang Jehn

2. Ich hab' heute schlechte Laune,
   und ich singe auch nicht mit!
   Was ihr singt, das mag ich gar nicht,
   denn das ist ein doofes Lied!
   Ich hab heute schlechte Laune.
   Nein, ich male auch nicht was!
   Hör doch auf, mich anzufassen!
   Ich versteh' heut' keinen Spaß.

3. Ich hab' heute schlechte Laune,
   bin mir selber nicht mehr gut.
   Ich hab' heute schlechte Laune
   und auf mich 'ne Riesenwut!
   Wenn jetzt doch noch einer käme
   und mich holte, einfach so,
   und mich mit zum Spielen nähme,
   wär' ich, glaub' ich, wieder froh,
   wär' ich, glaub' ich, wieder froh,
   wär' ich, glaub' ich, wieder froh!

Ein kleines Trostlied kann noch eine zusätzliche Hilfe sein:

„Wein doch nicht" aus MC und Liedheft: „Ich schenk' dir einen Sonnenstrahl", 1985. Rechte im Peter Janssens Musik Verlag, 48291 Telgte.

Wein doch nicht

Text: Rolf Krenzer Musik: Peter Janssens

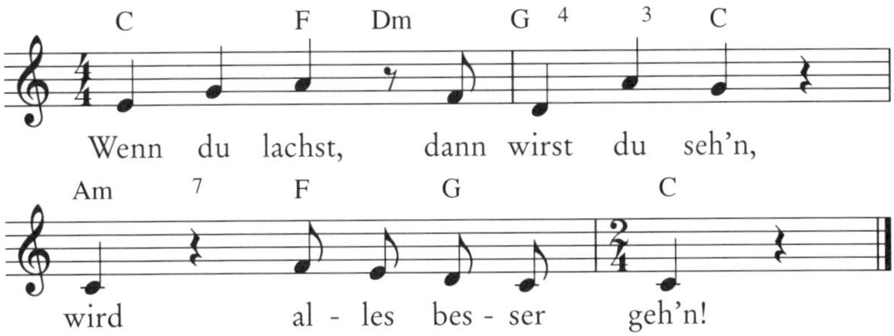

2. Lach doch mal,
ach lach doch mal.
Ich schenk dir einen Sonnenstrahl.
Wisch die Tränen vom Gesicht,
sonst siehst du ihn ja nicht.

3. Sieh mal da,
ja, sieh mal da,
wenn du's versuchst, dann klappt es ja.
Wenn einer wieder lachen kann,
dann steckt sein Lachen an.

Ich darf Gottes Schöpfung erkennen, erleben und erfahren. Wir alle – Kinder und Erwachsene – müssen Verantwortung für die Schöpfung und die Geschöpfe tragen.

Die Schöpfungsgeschichte und die damit verbundene ganz direkte Aufforderung Gotte an uns alle, Verantwortung für die Schöpfung und ihre Geschöpfe zu übernehmen, war wohl noch nie so aktuell wie heute. Damit wird deutlich, wie stark Bibel, Gottesdienst, in dem diese Fragen angesprochen werden, und direktes Erleben in der nächsten Umwelt zusammengehören. Es gibt wohl kaum ein Kind, das noch nichts von der Bedrohung der Umwelt weiß, wenn es in den Kindergarten kommt.

Vorschlag zur Gruppenarbeit: Ein großes Faltbilderbuch (Leporello) auf steifem Karton wird mit Stoff, Filz, Pappe, Papier oder Naturmaterial beklebt. Jede Seite stellt einen Schöpfungstag dar.

Wie stark die emotional erlebte und durch Gesten und Spiel verstärkte Gestaltung entscheidende Auswirkung auf das Vertiefen inhaltlicher Aussagen unseres Glaubens gerade im Hinblick auf das Alte und Neue Testament haben kann, ist mir ganz besonders deutlich geworden, als ich die Schöpfungsgeschichte im Rahmen einer größeren Einheit in den Mittelpunkt stellte. Ich erzählte davon, was Gott alles geschaffen hat. Wir malten große Bilder zu den einzelnen Schöpfungstagen, stellten Collagen und auch Werkstücke her. Auf schwarzen Plakatkarton klebten wir die Sterne und den Mond, auf

blauen Karton Sonne und Wolken. So entstand an einer ganzen Wand des Gruppenraumes ein großes Bild von Gottes Schöpfung. Dazu hatten wir Berge, Flüsse, Meer und Horizont, Bäume und Sträucher, Blumen, große und kleinen Tiere und natürlich auch Menschen ausgeschnitten, bunt angemalt und zum Teil mit Buntpapier, farbigem Filz und Stoffresten beklebt. Alles hatten wir an der Wand befestigt, so daß diese Gemeinschaftsarbeit ein Bild ergab, das alles, was wir täglich um uns herum wahrnehmen, darstellte. Gleichzeitig sollte es verdeutlichen, daß die Welt, in der wir leben, Gottes Schöpfung ist.

Im Verlauf der Arbeit hatte ich immer wieder darauf hingewiesen, daß diese Schöpfung durch uns Menschen zerstört wird, daß wir aber den Auftrag, den Gott an uns stellt, erfüllen müssen, nämlich Verantwortung gegenüber dieser Schöpfung erkennen und wahrnehmen, das heißt, überall und jederzeit diese uns von Gott überlassene Schöpfung schützen.

Immer hatte ich das Gefühl, daß mein Reden hierzu noch zu theoretisch war, daß die Kinder mir zwar zuhörten, aber letztlich die Aussagen nicht verinnerlichten. Auch der Einbezug entsprechender Texte und Bilder erschien mir noch zu abstrakt, um wirklich elementar erlebt zu werden.

Gottes Schöpfung erleben

Als wir später einen Spaziergang durch den Wald machten, lenkte ich bewußt das Interesse der Kinder auf die Bäume. Wir haben sie betrachtet und versucht, einzelne Bäume mit unseren Armen zu umfassen. Das war nicht immer leicht. Manchmal mußten sich zwei und mehr Kinder an den Händen nehmen, um ganz um den Baum herum zu reichen. Dabei bemerkte ein Junge: „So stark ist Gott! Er läßt so dicke Bäume wachsen!“

„Und so kleine Bäumchen!“ sagte ein zweiter Junge und zeigte uns einen winzigen Buchensprößling, der aus einer Buchecker herausgewachsen war. Später freuten wir uns mit einem Mädchen, das einen Marienkäfer auf seinem Zeigefinger klettern ließ. Wir stellten uns um das Kind herum und beobachteten den kleinen Käfer, der nach einiger Zeit seine Flügel entfaltete und davonflog. Keiner von uns hatte versucht, ihn festzuhalten. Wir hatten uns über ihn gefreut und freuten uns jetzt noch, als wir versuchten, ihm mit unseren Augen zu folgen.

„Schön war das!“ sagte ein Mädchen leise in die Stille hinein.

Ich empfand es als Geschenk, daß ich dies mit meinen Kindern erleben durfte.

Entstehung eines Spielliedes aus dem Erleben

So entstand an diesem Tag der Text zu dem Lied: „Du hast uns deine Welt geschenkt.“ Detlev Jöcker schrieb eine sehr einfache und gerade deshalb so einprägsame Melodie dazu. Als ich das Lied meinen Kindern

vorstellte, ließ ich sie selbst entsprechende Gesten dazu erfinden. Sie nahmen den Text sofort auf und erfanden viele neue Strophen dazu, in die sie all das aufnahmen, was wir gemeinsam erlebt hatten:
die dicken Bäume,
die kleinen Gräser,
die Regenbogen,
die kleinen Käfer,
die bunten Steine,
den Wind, den Regen,
die Schmetterlinge
und vieles mehr.

Als von einem Kind die Schmetterlinge genannt wurden, setzten wir sie gleich in Bewegung um und flogen wie Schmetterlinge durch das Zimmer.

„Sie gehen aber schnell kaputt!" sagte ein Mädchen und fügte hinzu: „Wenn man nicht aufpaßt!"

„Sie gehen nicht kaputt!" verbesserte ein anderes Kind.

„Du machst sie kaputt, wenn du sie festhältst!"

„Mir ist das einmal passiert!" sagte ein Junge.

Wir schwiegen lange.

Dann meinte einer: „Hinterher tut es einem leid. Aber man denkt so oft nicht daran!"

„Ja", sagte ich, „wir denken so oft nicht daran, daß wir Gottes Schöpfung zerstören!"

„Aber der kleine Käfer ist davongeflogen!" sagte das Kind, das ihn damals auf seinem Zeigefinger getragen hatte.

„Ja, da haben wir alle drauf aufgepaßt!" fügte ein anderes hinzu.

Erlebnis, Verarbeitung im Spiellied und weiterführendes vertiefendes Gespräch

Das Erlebnis und die Verarbeitung im Lied, die Umsetzung in ganz einfache sprachliche Aussagen und ihre Gestaltung durch Bewegung und Gesten hatten bewirkt, daß ein solches Gespräch möglich wurde. Ein Gespräch, das in elementarer Weise die Verantwortung des Menschen gegenüber Gottes Schöpfung beinhaltete.

Wir haben das Lied mit viel Freude weiter gesungen. Und in der folgenden Zeit wurde gerade dieses Lied von dem, was Gott uns geschenkt hat und täglich neu schenkt und was wir dankbar annehmen und schützen wollen, zu einem der beliebtesten Lieder. Es wurde aber auch immer länger, weil immer noch neue Strophen von den Kindern hinzukamen.

Nicht nur die Kinder spürten, was mit „Glauben erlebbar machen" gemeint ist. Ich spürte es an mir selbst.

Mit Kindern kann und muß dieser wichtige Schwerpunkt immer wieder neu angegangen werden. So sind inzwischen eine ganze Reihe Lieder entstanden, die diese Problematik auf immer neue Weise anfassen und bereits jüngsten Mitspielern zugänglich und verständlich sind.

Aus MC und Liedheft: „Heut ist ein Tag, an dem ich singen kann." Kopier- und Verlagsrechte im Menschenkinder-Verlag, 48157 Münster.

Du hast uns deine Welt geschenkt Text: Rolf Krenzer Melodie: Detlev Jöcker

2. Du hast uns deine Welt geschenkt:
   die Länder – die Meere.
   Du hast uns deine Welt geschenkt:
   Herr, wir danken dir.

3. Du hast uns deine Welt geschenkt:
   die Sonne – die Sterne.
   Du hast uns deine Welt geschenkt:
   Herr, wir danken dir.

4. Du hast uns deine Welt geschenkt:
   die Blumen – die Bäume.
   Du hast uns deine Welt geschenkt:
   Herr, wir danken dir.

5. Du hast uns deine Welt geschenkt:
   die Berge – die Täler.
   Du hast uns deine Welt geschenkt:
   Herr, wir danken dir.

6. Du hast uns deine Welt geschenkt:
   Die Vögel – die Fische.
   Du hast uns deine Welt geschenkt:
   Herr, wir danken dir.

7. Du hast uns deine Welt geschenkt:
die Tiere – die Menschen.
Du hast uns deine Welt geschenkt:
Herr, wir danken dir.

8. Du hast uns deine Welt geschenkt:
Du gabst mir das Leben.
Du hast mich in die Welt gestellt.
Herr, ich danke dir.

9. Du hast uns deine Welt geschenkt:
Du gabst uns das Leben.
Du hast uns in die Welt gestellt:
Herr, wir danken dir.

Alles können wir mit Händen, Armen und unserem ganzen Körper darstellen.

Du gibst uns die Sonne (Erntedanklied)

Text: Rolf Krenzer Melodie: Detlev Jöcker © Menschenkinder Verlag Münster

Aus CD/MC: Wir kleinen Menschenkinder, Menschenkinder-Verlag, 48157 Münster.

Du gibst Mond und Sterne.
Alles kommt von dir.
Du gibst Mond und Sterne.

Darum danken wir
dir, lieber Gott,
dir, lieber Gott,
jeden Tag dafür.

Du gibst uns die Flüsse ...
Du gibst uns die Bäume ...
Du gibst uns die Blumen ...
Du gibst uns die Tiere ...
Du gibst uns die Eltern ...

Alles was wir haben,
alles kommt von dir.
Alles, was wir haben.
Darum danken wir
dir, lieber Gott,
dir, lieber Gott,
jeden Tag dafür.

Weitere mögliche Strophen:
Du gibst uns die Früchte (die Vögel, die Fische ...)

Pädagogisch-therapeutischer Aspekt

Wenn wir die Natur, ohne die wir nicht leben können, erhalten wollen, so müssen wir schon die Kinder sensibilisieren für alles, was um uns lebt. Die Natur ist etwas, was der Mensch „verdankt"; er selbst kann sie nicht erschaffen.

Es geht darum, uns mit den Kindern gemeinsam jeden Tag neu bewußt zu machen, daß alles, was wir um uns herum sehen und erleben, ein immer wieder neues Geschenk Gottes und nicht selbstverständlich ist.

So müßte es im Refrain heißen: „Darum danken wir ... immer neu dafür." Dieses gemeinte immer neue Danken schließt unsere Verantwortung für all das, was wir von Gott Tag für Tag neu erhalten, mit ein.

Für kleine Kinder ist diese Wortverbindung noch nicht verständlich, weil sie aus der Sprache und dem Sprachverständnis der Erwachsenen kommt. Doch was ein Tag ist, das lernen wir alle schon sehr früh. So ist die hier gebrauchte Aussage „Darum danken wir dir ... jeden Tag dafür" bereits verständlich und beinhaltet in elementarer Form das, was mit „immer neu" ausgedrückt werden soll.

In den einzelnen Strophen können wir mit unseren Armen und Händen all das zeigen, was Gott geschaffen hat:

Sonne: Hände übereinander hoch halten, Finger wie Strahlen auseinander;
Mond: Arme und Hände bilden einen großen Kreis;
Sterne: Hände hoch halten und die Finger bewegen;
Flüsse: beide Arme übereinander vor uns wie Wellen bewegen;

Berge: die Arme hoch recken;
Bäume: mit beiden Händen die Umrisse eines Baumes zeigen;
Blumen: Hände aneinander, dann nach oben auseinandergehen lassen;
Früchte: mit beiden Händen eine imaginäre Apfelsine umfassen;
Tiere: ein imaginäres Tier vor uns streicheln usw.

Gott hat die ganze Welt gemacht Text: Rolf Krenzer Melodie: Reinhard Horn

Aus MC: Gib mir deine Hand, Kontakte Musikverlag, 59558 Lippstadt, und R. Krenzer: Deine Hände klatschen auch, Verlag E. Kaufmann, Lahr.

Spielvorschlag

Ein Kind beginnt mit der ersten Zeile. Das nächste Kind wiederholt die erste Zeile und setzt die zweite Zeile dahinter. Ein drittes Kind wiederholt die beiden ersten Zeilen und hängt die dritte an. So wird das Lied von Zeile zu Zeile immer wieder von vorn begonnen und immer länger.

Das Lied kann auch von allen gesungen werden. Zu jeder Zeile wird mit Gesten gezeigt, was Gott geschaffen hat.

Aus MC und Liedheft:
Gott, du bist ja bei mir,
Musikbär-Verlag,
69198 Schriesheim.

Voller Wunder ist die Erde – Schöpfungslied

Text: Rolf Krenzer Musik: Paul G. Walter

4. Kleine Sträucher, große Bäume
   ließ Gott hier gedeihn.
   Und er schenkt uns so viel Blumen,
   daß wir uns dran freun.

5. Saat und Ernte, Gottes Erde
   gibt uns, was sie hat.
   Wenn wir miteinander teilen,
   dann wird jeder satt.

6. Gott vertraute seine Tiere
   uns in Liebe an.
   Sorgt, daß jedes Tier sein Leben
   würdig leben kann.

7. Gott hat Frauen, Gott hat Männer
   in die Welt geschickt,
   daß ein Mensch den andern lieb hat
   und nicht unterdrückt.

Hierzu: Rolf Krenzer: Elternabend im Kindergarten, Kaufmann, Lahr 1995.

Wir müssen begreifen lernen, daß nur ein sparsames Umgehen mit den Rohstoffen der Erde und die Bereitschaft, mit anderen zu teilen – jetzt, hier und anderswo –, uns noch auf die Zukunft hoffen läßt. Je früher wir damit beginnen, umso besser für uns alle.

Eine wichtige Hilfe kann uns dabei das Erleben und Erfahren der Stille als Inhalt und gegebenenfalls der Meditation zugeordnet in unserer lauten und hektischen Zeit und Umwelt werden.

Die Geschichte vom Obstsalat

Wenn wir miteinander teilen, erhält jeder etwas.

Heute will Frau Heimann mit der ganzen Gruppe Obstsalat zubereiten. Sie hat an alles gedacht: Eine ganz große Schüssel, Messerchen, um das Obst zu schälen und zu schneiden, auch Zucker und süße Sahne. Das Obst haben die Kinder mitgebracht: Äpfel und Birnen, Weintrauben, Apfelsinen und Bananen, dazu Nüsse und Rosinen. Das wird ein köstlicher Obstsalat werden.

Eifrig beginnen die Kinder, ihr Obst auszupacken und nach den Messerchen zu greifen. „Geht bitte ganz vorsichtig damit um!" sagt Frau Heimann. „Sie sind scharf!"

Da steht plötzlich Marina vor ihr. Ganz ernst blickt sie Frau Heimann an, und Tränen stehen ihr in den Augen.

„Du hast dich doch nicht schon geschnitten?" fragt Frau Heimann und greift nach Marinas Hand.

Marina schüttelt ernst den Kopf. „Ich gehe jetzt wieder nach Hause", sagt sie leise.

„Aber du hattest dich doch auch so sehr auf unseren Obstsalat gefreut!" Frau Heimann blickt Marina verständnislos an.

Da verzieht sich Marinas Mund, und jetzt laufen dicke Tränen über ihre Backen. „Ich habe aber doch die Äpfel vergessen, die ich mitbringen wollte!" jammert sie. „Sie liegen zu Hause auf dem Küchentisch!" „Ich habe meine Sachen auch vergessen!" sagt Jens, der leise neben Marina getreten ist. „Meine Mutter hat es vergessen!"

„Das ist doch nicht schlimm!" lacht Frau Heimann und drückt jedem der beiden Kinder ein Messerchen in die Hand. „Schaut, wir haben alle unsere Sachen in die Mitte auf den Tisch gelegt. Nehmt euch etwas davon und helft mit, damit wir bald unseren Obstsalat aufessen können."

Als dann alles Obst geschnitten ist, als der Obstsalat mit Zucker und Sahne abgeschmeckt ist, stellt Frau Heimann viele Tellerchen auf den Tisch. Annette und Udo verteilen den Obstsalat auf die Teller, und alle passen auf, daß keiner zuviel oder zu wenig erhält.

„Das hätte ich nicht gedacht!" sagt Marina zu Jens, als sie den großen Obstsalatberg von ihrem Teller löffelt. „Wir haben gar nichts mitgebracht. Und jetzt hat jeder soviel!"

Frau Heimann hat gehört, was Marina gesagt hat.

„So ist es immer, wenn man teilt!" sagt sie. „Dann bekommt jeder etwas. Und jeder hat genug, um satt zu werden!"

„Das ist fast ein Wunder!" sagt Jens und holt sich mit seinem Löffel ein großes Bananenstück vom Teller.

Rolf Krenzer

Die Geschichte braucht nicht vorgelesen zu werden. Sie läßt sich direkt in der Praxis verwirklichen und erleben. Wenn gemeinsam geplant wird, etwas zu kochen oder zuzubereiten, geschieht es immer wieder, daß einer vergessen hat, etwas dafür mitzubringen. Und das Staunen ist groß, wenn man erlebt, daß trotzdem alle genug haben, wenn anschließend gerecht verteilt wird.

Die Geschichte von der wunderbaren Brotvermehrung[1] kann im Anschluß daran erzählt und auf Bildern betrachtet werden.

Das folgende Lied vom Teilen greift Situationen auf, die das Kind täglich erlebt. Es kann beliebig variiert und erweitert werden.

[1] Dazu eignet sich das Lied: „Der kleine Jonathan" aus: „Biblische Spiellieder zum äthiopischen Misereor-Hungertuch." Liedheft, Misereor Aachen und Impulse-Musikverlag, 48309 Drensteinfurt. (Mit Jesus erlebt Jonathan, wie beim Teilen Wunder geschehen können.)

Gibst du mir einen Apfel ab – Lied vom Teilen

Text: Rolf Krenzer Musik: Peter Janssens

Aus MC und Liedheft: „Ich schenk' dir einen Sonnenstrahl." Rechte im Peter Janssens Musik Verlag, 48291 Telgte.

2. Gibst du mir von deinem Frühstück ab?
3. Gibst du mir von deinem Kuchen ab?
4. Gibst du mir von deiner Limo ab,
   weil ich heute nichts zu trinken hab' ...
5. Gibst du mir von einem Spielzeug ab,
   weil ich heute gar nichts bei mir hab'?
   Ich denke, das verspreche ich,
   beim nächstenmal an dich.
   Gut zusammenleben.
   Teilen, nehmen, geben.
   Teilst du, was du hast, mit mir,
   dann freu' ich mich mit dir.
6. Gibst du mir von deinen Stiften ab?
7. Gibst du mir von deinem Kleister ab? usw.

Das, was wir täglich haben, was uns vielleicht selbstverständlich ist, ist für andere unerreichbar. Zwei Drittel der Menschen, die auf der Welt leben, leiden Hunger. Gott will, daß alle Menschen satt werden (Matth 25,34–35). Das heißt, daß wir von unserem Überfluß abgeben, daß wir teilen lernen.

Überfluß

Dieser Text liegt auf Cassette, LP und Liedheft in drei verschiedenen Vertonungen vor, und zwar von Siegfried Fietz auf der LP: „Ein Regenbogen bunt und schön" (Abakus, 35753 Greifenstein/Studio Union, Limburg), sowie von Ludger Edelkötter auf der LP: „Halte zu mir heute, guter Gott" (Impulse-Musikverlag, 48309 Drensteinfurt/ Studio Union, Limburg) und von Martin Göth auf MC „Wir danken für die Ernte", Lahn-Verlag, Limburg.

Butter, Honig, Marmelade,
Gummibärchen, Schokolade,
Cornflakes, Milch und süßer Reis,
Marzipan und Himbeereis.
Ja, ich leb' im Überfluß,
wenn der and're hungern muß.

Fleisch, Pommes frites und Jägersoße,
Reis mit Huhn, Fleisch aus der Dose,
Nudeln, Ketchup, Apfelbrei,
frisches Brot zum Frühstücksei.
Ja, ich leb' im Überfluß,
wenn der and're hungern muß.

Äpfel, Pflaumen und Tomaten,
Kotelett, Schnitzel, Rinderbraten,
Sahne, Zucker zum Kaffee
und Zitrone in den Tee.
Ja, ich leb' im Überfluß,
wenn der and're hungern muß.

Alle können besser leben,
wenn wir teilen, wenn wir geben,
daß ein jeder etwas hat,
denn dann werden alle satt.
Und es wird mein Überfluß
überflüssig dann zum Schluß.

Rolf Krenzer

Methodische Anregungen zur Weiterführung des Textes „Überfluß"

Nicht allen Menschen geht es so gut, daß sie reichlich zu essen haben. Der Text kann zunächst zum Nachdenken bringen und zum Sprechen darüber, daß vieles nicht selbstverständlich ist. Wir können aufzeigen, was wirklich zu den wichtigsten Lebensbedürfnissen gehört, was weniger wichtig, wünschenswert oder sogar ganz überflüssig ist. Die Aufzählung der Nahrungsmittel stellt nur ein Beispiel dar, das durch Kleidungsstücke, Spielzeug, Materialien, Einrichtung der Wohnung usw. ergänzt werden kann. Eine Vertiefung bieten Fotos, Bilder und Texte, die Lebensmittel, die im Lied genannt werden, zusammengetragen, um konkret zu verdeutlichen, in welchem Überfluß wir leben.

Dagegen lassen wir uns zeigen oder berichten, was Kinder in ärmeren Ländern zu essen haben. Wir essen einmal etwas, was Kinder in anderen Ländern essen: z.B. ein Hirsegericht oder Reis. Auch Collagen von Lebensmitteln und Überflußartikeln können die Situation verdeutlichen. Die Verdeutlichung allein reicht aber nicht aus. Wir sollten gemeinsam überlegen, was wir mit der Gruppe, mit unserer Familie oder auch allein tun könnten, um zu helfen. Es wäre gut, wenn daraus eine Aktion oder Aktionen ausgelöst würden, die von Kindern überschaut und bewältigt werden können. Warum sollte z.B. nicht im Kindergarten das Opferkästchen zur Kinderfastenaktion aufgestellt werden?

Gebete

Lieber Gott,
wir danken dir, daß wir uns alle satt essen dürfen.
Wir danken dir, daß wir täglich satt werden.
Hilf den Kindern in der Welt,
die Hunger haben.
Hilf, daß sie auch satt werden. Amen.

Hilf uns, Herr, daß wir lernen,
mit anderen zu teilen.
Hilf auch den Erwachsenen,
daß sie es mit uns zusammen lernen. Amen.

Wachmachen für die Sorgen des andern

Es hat uns heute so gut geschmeckt.
Dafür danken wir dir, guter Gott.
Laß uns auch morgen wieder satt werden.
Hilf uns, daß wir denen helfen können,
die jetzt Hunger haben. Amen.

Schenk uns Zeit!
Schenk uns Zeit,
Zeit aus deiner Ewigkeit!
Zeit zum Nehmen,
Zeit zum Geben,
Zeit zum Miteinanderleben.
Zeit zum Trinken,
Zeit zum Essen,
Zeit, um keinen zu vergessen.
Zeit zum Beten
in der Not.
Zeit zum Danken, guter Gott! *Rolf Krenzer*

Gerade hier ist uns die große Chance gegeben, Kinder wach für den anderen, für die Sorgen des anderen zu machen. Aber das kann nur dann gelingen, wenn wir uns selbst wach für den anderen in unserer Gruppe werden lassen.

Wir haben es mit einem ganz einfachen Lied versucht, das wegen seiner besonderen Umsetzung in ein Spiel Vertrauen und Erstaunen bewirken kann.

Spiellied: Den anderen Menschen suchen, finden, erleben und erfahren. Geborgenheit mit dem andern erleben

Voraussetzung ist, daß wir alle zunächst in einem Stuhlkreis sitzen und ganz ruhig werden. Wenn dann die Melodie angestimmt wird, schließen wir alle (auch der Spielleiter!) die Augen und stehen ganz vorsichtig von unserem Kreis auf und bewegen uns auf die Kreismitte zu. Wir halten die Augen immer geschlossen und tasten mit unseren Händen. Wenn wir einen anderen berühren, geben wir ihm die Hand, drücken sie, streicheln sie und überlegen uns dabei, wer es vielleicht sein könnte. Wir können die Hand festhalten und gemeinsam mit dem anderen weitergehen. Wir können sie auch wieder loslassen und nach anderen Händen suchen. Wenn dann das Lied zu Ende ist, öffnen wir alle wieder die Augen und sehen die an, die jetzt neben uns stehen, und sprechen darüber, ob wir sie an den Händen erkannt haben. Oft bildet sich ein Kreis, manchmal sind es kleine Gruppen, die sich bei diesem Lied gefunden haben. Aber jeder erfährt dabei, wie schön es ist, sich in diesem Kreis geborgen zu wissen, sich vertrauensvoll dem anderen anzuvertrauen und von ihm angenommen zu werden:

Abgewandelter Text aus: LP, MC und Spielheft: „Noah unterm Regenbogen“, 1984. Rechte im Peter Janssens Musik Verlag, 48291 Telgte.

Vogel, fliege deine Runden

Text: Rolf Krenzer Musik: Peter Janssens

Ich habe es oft erleben dürfen, daß bereits Vorschulkindern eine Meditation möglich ist, wenn alle die Augen schließen und den Worten folgen:

Meditation mit Vorschulkindern

Meditation: Sich selbst und den anderen erleben, erfahren

Wir schließen alle unsere Augen. So fest, daß wir gar nichts mehr sehen.
Wir werden ganz still und denken daran, daß wir Hände haben. Wir bewegen unsere Hände ganz leicht und jetzt die Finger.
Wir heben alle Finger hoch und lassen sie jetzt nach unten zur Erde zeigen.
Jetzt heben wir sie ganz langsam wieder hoch.
Wir geben uns die eigenen Hände.
Wir drücken sie.
Wir streicheln uns selbst unsere Hände.
Wir kitzeln uns ein bißchen,
eine Hand kitzelt die andere Hand.
Jetzt fahren wir mit der Hand über unseren anderen Arm
ganz langsam bis hoch zur Schulter und wieder zurück.
Jetzt streichen wir mit der anderen Hand über den anderen Arm.
Ganz hoch, ganz langsam bis zur Schulter und wieder zurück.
Jetzt verabschieden sich unsere Hände voneinander.
Wir drücken uns unsere Hände noch einmal.
Jetzt lassen wir sie los.
Jetzt wollen unsere Hände noch mehr entdecken:
die Brust – den Bauch – ein bißchen den Po – die Beine – die Knie – die Füße.
Ganz langsam kommen unsere Hände wieder nach oben.
Wir strecken unsere Arme nach vorn, ganz weit.
Jetzt strecken wir die Arme ganz vorsichtig nach beiden Seiten.
Wir suchen, ob wir die Hände der Kinder finden,
die neben uns sitzen.
Immer die Augen noch zulassen.
Immer weiter suchen.
Wenn wir eine Hand gefunden haben, halten wir sie fest.
Wenn wir auf beiden Seiten von uns Hände gefunden haben,
halten wir sie fest – drücken sie – streicheln sie – und jetzt öffnen wir die Augen
und lachen uns an.

Eine solche Meditation kann auch auf das Gesicht, auf Nase und Mund, Augen, Augenbrauen, Haar usw. erweitert werden.

5. Mein Tageslauf

Der Tag wird begrenzt vom Morgen und vom Abend. Zwischen dem heutigen und dem morgigen Tag liegt die Nacht. Wenn das Kind abends im Bett liegt, ist der Tag mit all seinen Erlebnissen bereits Vergangenheit. Ein Tag folgt dem anderen ebenso wie eine Nacht der anderen. Eine Reihe von Tagen bildet eine Woche, Wochen bilden Monate und Monate Jahre. Unsere Zeit steht in Gottes Händen. Wir leben in Gottes Schöpfung unser Leben, das wir von Gott erhalten haben.

Die Zeit, die das Kind am Tag im Kindergarten verbringt, gehört zu seinem Alltag. Wenn ein besonderer Tag, ein Feiertag, begangen wird, ist der Kindergarten geschlossen. Nur den Geburtstag kann das Kind im Kindergarten auch feiern.

Jeder Tag soll freudige Erlebnisse bringen.

Unser Ziel soll es sein, jeden Tag, den das Kind mit uns verbringen darf, zu einem Tag werden zu lassen, der ihm freudige Erlebnisse mit uns zusammen bringt und der es erfahren läßt, wie man gut zusammen leben kann. Im Alltag können das laute, fröhliche, bewegungsreiche Situationen sein, aber auch stille, feierliche und tröstende, die dem Kind Vertrauen und Geborgenheit vermitteln. Da gehört ganz bestimmt der Morgenkreis hinzu, der dem Kind eine feste Ordnung vermittelt. Es steht oder sitzt mit in diesem Kreis, singt und spielt mit und beginnt den Tag im Kindergarten freudig. Das ist deshalb besonders wichtig, weil nicht jedes Kind, das hier im Morgenkreis mit uns zusammensitzt, auch zu Hause seinen Tag so gut begonnen hat. Dieser Morgenkreis gibt ihm Ruhe, Entspannung und auch Einstimmung auf das, was im Verlauf des Tages hier im Kindergarten geschehen kann, was es erleben darf. Hier kann auch ein Morgengebet gesprochen werden. Ein Gebet in gebundener Form, das jeden Morgen wiederkehrt und von Morgen zu Morgen vertrauter wird. Aber auch ein freies Gebet, das sich direkt auf die vergangene Nacht und auf den heutigen Tag bezieht. Ein Gebet, das Dank- und Bittgebet ebenso sein kann wie Fürbittgebet.

Morgenkreis

Morgengebete

Morgengebete Morgenlieder

Gott, wir danken dir, daß wir uns heute wieder gesund
und in Frieden hier treffen dürfen.
Wir danken dir, daß alle gut ausgeschlafen sind.
Wir bitten dich für Katrin, die noch krank ist.
Laß sie bald gesund werden und wieder bei uns sein.
Wir bitten dich: Laß diesem guten Morgen auch einen guten Abend folgen.

Wir sprechen ein Gebet, bei dem reihum jedes Kind etwas aussprechen kann, wofür es Gott danken möchte:

Lieber Gott, wir möchten dir danken,
daß heute die Sonne scheint ...
daß ich gesund bin ...
daß ich keine Bauchschmerzen mehr habe ...
daß ich heute schon einen Vogel singen gehört habe ...
daß wir heute weiterbauen wollen ...
Amen.

Ein Morgenlied kann auch ein Gebet sein, das von allen mitgebetet wird.

Eine ganze Sammlung von Liedern und Texten zum Tageslauf ist unter dem Titel: „Ich wünsch' dir einen guten Tag" beim Lahn-Verlag, 65549 Limburg, herausgekommen. Dazu gleichnamige LP und MC.
Das Morgenlied: „Ich sag' dir GUTEN MORGEN (Seite 39) läßt sich mit immer neuen Strophen als Spiellied im Spielkreis einsetzen.

Ein zweiter immer wiederkehrender Punkt im Tagesablauf stellt das gemeinsame Frühstücken dar. Auch hier kann ein einfaches Dankgebet oder Danklied eingesetzt werden. Neben den vielen Dankliedern sind es besonders solche, die das Kind selbst zum aktiven Mitbeten anregen, die wir verstärkt anbieten.

Das folgende sehr einfache Danklied ist einmal in meiner Gruppe vor dem gemeinsamen Frühstücken spontan entstanden. Wir packten alles aus, was wir mitgebracht hatten, und jeder dankte persönlich dafür, für das Brötchen, den Apfel, das Knäckebrot, den Joghurt, die Apfelsine, die Milch usw.

Die Melodie ist so einfach, daß sie von einem Kind vorgesungen oder auch gesprochen werden kann.

Ich fand das Lied später wieder bei Kirchentagen, wo es beim gemeinsamen Essen und Teilen gesungen wurde und viele Erwachsene mit diesen einfachen Zeilen ihren Dank aussprachen.

Lieber Gott, wir danken dir für das Brot

Text und Melodie: Rolf Krenzer

Aus „100 einfache Lieder Religion" Kaufmann, Lahr/Kösel, München. Rechte beim Autor.

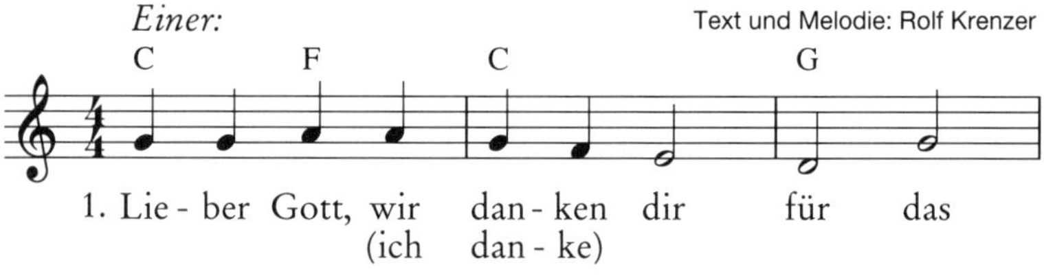

Lieber Gott, ich danke dir für die Milch ...
Lieber Gott, ich danke dir für den Apfel ...
aber auch
Lieber Gott, ich danke dir für das Spiel ...
Lieber Gott, ich danke dir für den schönen Morgen ...
Lieber Gott, ich danke dir, daß die Sonne scheint ...
usw.

Aufgaben, Inhalte, Ziele im Tageslauf

Aufgaben, Inhalte und Ziele einer religiösen Erziehung sind im Bereich des Tagesverlaufs wie folgt zu sehen:

- Tag und Nacht bewußt erleben;
- über den Tagesablauf nachdenken und berichten;
- erfahren, was man am Tag alles sehen und erleben kann;
- erfahren, was man in der Nacht alles sehen und erleben kann;
- berichten über Erlebnisse am Morgen, am Abend;
- beobachten und besprechen, daß und wie Menschen, Tiere und Pflanzen schlafen;
- etwas von Nachttieren und von Tagtieren erfahren;
- Menschen arbeiten am Tag und schlafen in der Nacht; es gibt auch Menschen, die in der Nacht arbeiten müssen.
- Gott danken, daß er Morgen und Abend werden läßt, Tag und Nacht;
- Gott danken, daß er uns Tag und Nacht behütet;
- erfahren, daß Gott der Schöpfer von allem ist, was wir selbst täglich um uns sehen und erleben, daß er ebenso unser Vater ist.

Zwei Spirituals, die davon erzählen, haben sich wegen ihres außerordentlich starken emotionalen Spielgehaltes in unserem Anliegen bewährt:

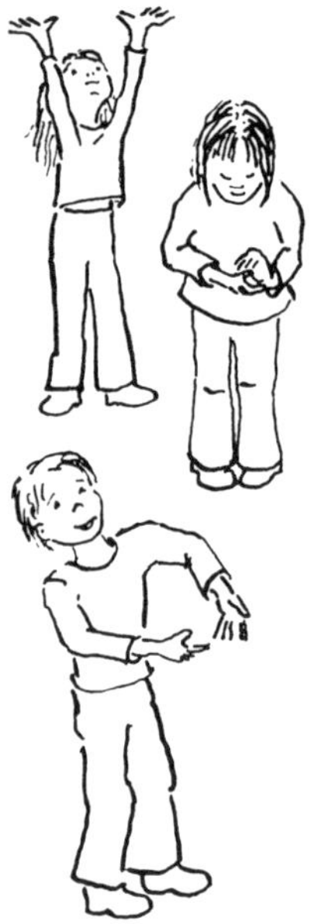

Spiele zu den Spirituals

He's got the whole world in his hands

Gott hat die ganze Welt in seiner Hand.
Gott hat die ganze Welt in seiner Hand.
Gott hat die ganze Welt in seiner Hand.
Gott hat die Welt in seiner Hand.

Wir gehen im Kreis herum und machen während unseres Singens Gesten, auf welche Weise Gott die Welt in seiner Hand (in seinen Händen) hält: mit weit ausgebreiteten, behütenden, offenen, umfassenden Händen. Die Welt, die wir darstellen, kann groß und klein sein. Jeder darf einmal zeigen, auf welche Weise die Welt von Gott gehalten wird. Einer macht es vor, und die anderen machen es nach. Zum Schluß halten wir uns alle an den Händen und gehen ganz eng aufeinander zu. Dazu singen wir: „Gott hält uns alle in seiner Hand."

Zu diesem Lied lassen sich viele weitere Strophen erfinden, die dann auch mit Gesten zu den Worten dargestellt werden können:
... Gott hält die Großen und die Kleinen in seiner Hand;
... Gott hält die Dicken und die Dünnen in seiner Hand;
... Gott hält die Lauten und die Stillen in seiner Hand;
... Gott hält die winzigkleinen Babys in seiner Hand ... usw.

Rock my soul

Gottes Liebe ist so wunderbar.
Gottes Liebe ist so wunderbar.
Gottes Liebe ist so wunderbar.
Liebe ist so wunderbar.

Soooooo hoch, daß keiner darüber kann,
soooooo tief, daß keiner darunter kann,
soooooo weit, daß keiner vorüber kann.
Liebe ist so wunderbar.

Wir halten unsere Hände so hoch, daß niemand darüber kann, wir recken uns dabei auf die Zehenspitzen. Danach gelangen unsere Hände bis auf die Erde, daß niemand darunter kann. Und dann breiten wir die Hände so weit wir nur können auseinander.

Im Kindergarten sollten wir dem Kind aber auch Gebetshilfen zu Morgen- und Abendgebeten geben, die es allein beten kann, wenn seine Eltern nicht mit ihm beten, zum Beispiel:

Geeignete Gebete findet man in:
R. Krenzer: Gott, du meinst es gut mit mir, Herder, Freiburg 1995.
R. Krenzer: Komm, kuschel dich an mich, Lahn, Limburg 1995.
R. Krenzer: Wir kleinen Menschenkinder, Menschenkinder, Münster.
R. Krenzer: Halte zu mir heute, guter Gott, Lahn, Limburg 2. Aufl. 1993.
Gebetslieder auf MC und CD
Schlaf- und Kuschellieder:
MC/CD und Buch: Komm, kuschel dich an mich, Lahn-Verlag, Limburg.
Schlaf ein, mein Bärchen, MC, Abakus-Musikverlag, Greifenstein.
Halte zu mir heute, guter Gott, Impulse-Verlag, Drensteinfurt.

Morgengebete

Ein neuer Tag hat angefangen.
Ich bin gesund vom Schlaf erwacht
und danke dir für diesen Morgen
und für die gute Nacht. Amen.

Lieber Gott,
ich danke dir, daß ich gesund aufgewacht bin.
Beschütze mich bitte den ganzen Tag.
Beschütze meine Eltern.
Beschütze alle, die ich lieb habe. Amen.

Ich habe gut geschlafen
die ganze Nacht.
Du guter Gott im Himmel
hast mich bewacht.
Ich leg in deine Hände,
was kommen mag,
und bitte, bleibe bei mir
den ganzen Tag. Amen.

(alle Rolf Krenzer)

Halte zu mir, guter Gott Text: Rolf Krenzer Musik: Ludger Edelkötter

Aus LP + MC „Halte zu mir heute, guter Gott“

2. Du bist jederzeit bei mir.
Wo ich geh' und steh'
Spür' ich, wenn ich leise bin,
Dich in meiner Näh'.
Halte zu mir, guter Gott,
Heut' den ganzen Tag.
Halt' die Hände über mich,
Was auch kommen mag.

3. Gibt es Ärger oder Streit
Und noch mehr Verdruß,
Weiß ich doch, Du bist nicht weit
Wenn ich weinen muß.
Halte zu mir, guter Gott,
Heut' den ganzen Tag.
Halt' die Hände über mich,
Was auch kommen mag.

4. Meine Freude, meinen Dank,
Alles sag' ich Dir.
Du hältst zu mir, guter Gott,
Spür' ich tief in mir.
Halte zu mir, guter Gott,
Heut' den ganzen Tag.
Halt' die Hände über mich,
Was auch kommen mag.

Abendgebete

Der Tag geht nun zu Ende,
er hat so viel gebracht.
Ich falte meine Hände
und bitte für die Nacht. Amen.

Lieber Gott,
draußen ist es dunkel.
Da möchte ich dir für alles danken,
was ich heute erleben durfte.
Behüte mich diese Nacht,
und laß mich morgen gesund und froh erwachen. Amen.

Lieber Gott,
heute war kein schöner Tag.
Es hat Krach mit Papa gegeben.
Zum Schluß war alles wieder gut.
Aber ich bin immer noch ein bißchen traurig.
Ich wollte Papa doch nicht ärgern.
Hilf mir, guter Gott,
daß es morgen ein schönerer Tag wird als heute.
Hilf mir, daß ich mir Mühe gebe. Amen.

Zu dem folgenden „Sternenlied" stehen wir im Kreis um eine Kerze herum. Wir heben ganz langsam die Hände und zeigen, wie die Sterne hoch über den Bäumen stehen. Dann breiten wir die Arme aus, lassen die Hände ganz langsam herunter sinken und bitten dann mit nach vorn geöffneten Händen: Schenk uns Schlaf. Das sehr einfache Lied kann auch als Kanon gesungen werden, wobei die Gesten wichtige Hilfen bieten.

Sternenlied Text: Rolf Krenzer Melodie: Ludger Edelkötter

Kirchenfeste im Jahreskreis

Einstimmung auf Feiertage und Feste im Kindergarten

Die eigentlichen Feste werden an besonderen Feiertagen gefeiert, also Tagen, an denen das Kind nicht in den Kindergarten kommt.

Aber diese Feste werden nur dann zum Erlebnis, wenn eine freudig erlebte Einstimmung auf den jeweiligen Feiertag erfolgt. Das wird im Kindergarten besonders in der Advents- und Osterzeit deutlich. Gerade diese Einstimmungszeit ist für das Vorschulkind oft wichtiger als das eigentliche Fest selbst.

Die hier vorgestellten Texte, Spiele und Lieder versuchen, das jeweilige Fest von seinem christlichen Inhalt her Kindern begreiflich zu machen, indem dieser Inhalt emotional vorgestellt wird. Die Reihenfolge dieser Feste entspricht der Folge, die das Kind erlebt, wenn es nach den Sommerferien wieder in den Kindergarten kommt.

1. Erntedank

Dank für die Ernte! Dank für die Gaben! Erntedanklieder eignen sich auch als Tischlieder vor den Mahlzeiten.

Das Erntedankfest schließt zwei wichtige Inhalte ein: Gott für die Ernte, für das tägliche Brot danken – die von Gott empfangenen Gaben mit anderen teilen.

So eignen sich die Erntedanklieder auch als Tischlieder vor den Mahlzeiten.

Unter dem Titel „Wir danken für die Ernte“ habe ich eine große Sammlung von Texten und Liedern im Lahn-Verlag, Limburg zusammengestellt. Ebenso ist dort die gleichnamige MC mit vielen neuen Liedern zum Erntedankfest erschienen.

Alles für den Erntedanktisch

Erntedank. Dank für alles, was Gott uns gegeben hat, damit wir satt werden. Tommy dankt auf seine Weise, ehrlich und vertrauend.

Vor dem Erntedankfest wollen alle im Kindergarten einen Tisch mit den vielen Gaben aufbauen, die Gott in diesem Jahr wachsen ließ, damit wir alle satt werden. Am Samstagmorgen treffen sich die Kinder mit ihren Erzieherinnen im größten Raum.

Die Erzieherinnen haben einen Tisch vor die Wand mit den bunten Erntebildern gestellt und ihn mit einer Decke geschmückt. Auf dem Tisch steht auch ein Kreuz.

Als alle versammelt sind, holt Kerstin ihre Gitarre und beginnt ein Danklied zu singen. Das können alle Kinder, denn sie haben es in der letzten Woche gelernt. Es ist ein langes Lied mit vielen Strophen. Bei jeder Strophe gehen ein paar Kinder zum Tisch und legen die Gaben darauf, die sie heute von zu Hause mitgebracht haben: Äpfel und Birnen, Tomaten, Weintrauben, Ähren, einen dicken Kohlkopf und einen Kürbis, der so dick und groß ist, daß Beate und Gero ihn zusammen tragen müssen. Auch ein rundes Brot kommt auf den Tisch. Das hat Uschis Mutter extra für heute gebacken. Dazu Milch, Joghurt, eingemachtes Obst, Honig und Marmelade. Für all das, was die Kinder auf den Erntedanktisch legen und stellen, danken alle Gott. Er hat uns das alles gegeben, damit jeder von uns satt wird.

Aber etwas fehlt noch!

Gut, daß Kerstin daran gedacht hat! Sie legt eine Tüte voll frischer Kartoffeln auf den Tisch.

„Sie sind aus unserem Garten!" sagt sie und zeigt den anderen die Erde, die noch an den Kartoffeln klebt.

Lilo bringt noch Pflaumen und einen dicken Pfirsich.

Dann dankt Frau Emde Gott für die Gaben:

„Guter Gott, wir danken dir für alles, was du uns geschenkt hast. Wir haben im Frühjahr den Samen in die Erde gelegt. Du hast alles wachsen und reif werden lassen. Und jetzt liegen die reifen Früchte hier auf dem Tisch! Danke, guter Gott!"

Da ruft Tommy: „Ich habe auch noch etwas!" Und umständlich zieht er ein blaues Spielzeugauto aus seiner Hosentasche.

„Aber das gehört doch nicht auf diesen Tisch!" sagt Frau Emde. Auch die anderen Kinder sind nicht damit einverstanden, als Tommy sein blaues Auto oben auf den dicken gelben Kürbis stellt.

„Doch!" schreit Tommy. „Es gehört doch dazu! Als wir im Frühjahr im Garten arbeiteten, habe ich es verloren. Aber gestern als ich Mutti beim Äpfelpflücken half, lag es plötzlich im Gebüsch an der Hecke!"

„Laß es auf dem Kürbis stehen!" lacht Frau Emde. Und als sie sieht und hört, wie alle übrigen lachen, die Erzieher und die Kinder, da denkt sie, daß Gott in seiner großen Güte bestimmt nichts gegen Tommys blaues Spielzeugauto auf dem Erntedanktisch hat. *Rolf Krenzer*

Geeignete Arbeitsblätter findet man in: „Erste Arbeitsblätter Religion I: das Kirchenjahr", Kaufmann, Lahr/Kösel, München.

Der Text kann vorgelesen oder erzählt werden. Wir berichten, was wir alles geerntet haben. Wir gehen in ein Kaufhaus, um die vielen Früchte, Gemüsesorten usw. kennenzulernen, die Gott für uns hat wachsen lassen. Wir bauen selbst im Kindergarten einen Tisch zum Erntedank auf.

Bei allen Spielen darf jeder mitspielen! (Kein Spiel für einzelne)

Erntedankspiel

Wir stehen im Kreis oder im Halbkreis, und alle spielen mit.

Wir wollen auf die Felder gehen
und uns're gute Saat aussäen.
Helft alle mit und packt mit an,
dann geht die Arbeit gut voran.

Wir tragen pantomimisch schwere Säcke voll Saatgut, gehen im Kreis herum und streuen die Körner aus. Wir können auch einen großen Sack in eine Maschine schütten, die wir mit unseren Körpern bauen. Die Maschine sät dann die Körner aus.

Die Saat geht auf und wächst heran.
Das Korn wächst immer höher dann.
Von Tag zu Tag ein bißchen mehr.
Die Ähren werden dick und schwer.

Zuerst liegen wir auf dem Boden, dann strecken wir uns langsam, wachsen und wachsen, bis wir hoch stehen. Mit unseren Händen deuten wir die Ähren an.

Der Bauer kommt und sieht sich an,
ob er das Korn bald ernten kann.

Wir legen die Hand an die Stirn und schauen umher.

Wir wollen Gott froh „danke" sagen,
weil alle Ähren Körner tragen.

Wir bilden mit unseren Händen über dem Kopf die dicken Ähren voller Körner.

Wir wollen auf die Felder gehen
und jetzt das reife Korn abmähen.
Helft alle mit und packt mit an,
dann geht die Arbeit gut voran.

Wir können einen Mähdrescher darstellen. Wir zeigen mit beiden Händen, wie das Korn abgeschnitten wird. Dann zeigen wir mit den Fingern, wie die Körner in den Sack rieseln.

Jetzt laden wir die Säcke auf.
Der Müller wartet schon darauf.
Helft alle mit und packt mit an,
dann geht die Arbeit gut voran.

Wir binden Säcke zu und laden sie pantomimisch auf den Wagen.

Zur Mühle wir das Korn gebracht
und weißes Mehl daraus gemacht.
Die Mühle mahlt es weiß und fein.
Füllt Mehl jetzt in die Säcke ein.

Wir können alle eine Mühle darstellen, zum Beispiel eine Windmühle. Wir können auch mit unseren Händen Mahlsteine bilden und zeigen, wie die Mahlsteine aufeinander kreisen und das Korn mahlen.
Dann schütten wir das Korn in die Säcke und binden sie wieder zu.

Jetzt müßt ihr alle mit anpacken.
Der Bäcker braucht das Mehl zum Backen.
Helft alle mit und packt mit an,
dann geht die Arbeit gut voran.

Wir laden die Säcke wieder auf den Wagen. Jetzt ist auch schon der Bäcker dran.

Er nimmt das Mehl und knetet dann
den Teig. Wenn alle mit anpacken,
dann können wir das Brot bald backen.

Der Bäcker schöpft mit der Mehlschaufel Mehl auf seinen Backtisch, mischt einen Teig, knetet ihn und formt ein Brot. Wir zeigen das alles pantomimisch. Wir können auch eine Knetmaschine darstellen.

Jetzt wird das Brot schnell aufgehoben
und in den Backofen geschoben.
Und bald ziehn wir es wieder raus.
Wie sieht das Brot so lecker aus!

Wir schieben das Brot in den Backofen und holen es nach einer Weile wieder heraus.

Wir wollen alle zum Bäcker laufen
und frisches Brot zum Frühstück kaufen.
Das Brot, es macht uns alle satt.
Dankt Gott, daß jeder etwas hat.

Der Spielleiter teilt frisches Brot an alle aus, das wir uns schmecken lassen.

Rolf Krenzer

Vorschlag: Gemeinsames Brotbacken

Die Verse des Spiels können vom Spielleiter gesprochen werden. Aber erfahrungsgemäß sprechen die Kinder sie sehr schnell mit. Wir können auch gemeinsam ein Brot backen, das dann später aufgegessen wird.
Vor dem Essen können wir gemeinsam ein Danklied singen.

(Das Lied kann auch im Kanon gesungen werden.)

„Brot! Brot! Danke für das Brot!" ist in MC und Liedheft: „Ich schenk' dir einen Sonnenstrahl", enthalten.
Rechte im Peter Janssens Musik Verlag, 48291 Telgte.

Danklied

Text: Rolf Krenzer Musik: Peter Janssens

Knister-, Knusper-, Knäckebrot
knackt und kracht im Mund.
Knister-, Knusper-, Knäckebrot
ist ja so gesund.

Etwas Butter, etwas Salz
oder auch Gelee.
Knister-, Knusper-, Knäckebrot
schmeckt zu Milch und Tee.

Herrlich kracht's am Frühstückstisch.
Klaus schafft sieben Stück.
Knister-, Knusper-, Knäckebrot
ist ein Stückchen Glück.

Knister-, Knusper-, Knäckebrot.
Keiner leidet Not.
Dank für Butter, Milch und Brot.
Danke, guter Gott.

Wir können auch ein Dankgebet gemeinsam sprechen:

Gemeinsames Sprechen eines Dankgebetes

Guter Gott,
wir sind heute hier, um dir zu danken.
Du schenkst uns soviel!
Alle: Wir danken dir.
Wir danken dir für das Brot und die Kartoffeln.
Alle: Wir danken dir.
Wir danken dir für das Obst, das du uns schenkst.
Alle: Wir danken dir.
Wir danken dir für das, was du uns zu essen und zu trinken gibst.
Alle: Wir danken dir.
Wir danken dir, daß wir jeden Tag satt werden.
Alle: Wir danken dir.
Wir danken dir für die Menschen, die arbeiten, damit wir zu essen haben.
Alle: Wir danken dir.
Wir danken dir für unsere Eltern, die für unser Essen sorgen.
Alle: Wir danken dir.
Guter Gott,
wir danken dir, daß es uns gut geht und daß wir immer satt werden. Wir bitten dich für alle Kinder, denen es nicht gut geht, die Hunger haben. Wir bitten dich für alle Erwachsenen, die nicht satt werden. Gib den Kindern und Erwachsenen Menschen, die ihnen helfen. Zeige uns, wie wir helfen können. Amen.

Spiel: Wir ernten im Garten

Das Spiel kann so aufgebaut werden, daß immer dann, wenn ein neuer Spieler hinzukommt, alles bis zu seinem Auftritt wiederholt wird.

Zwei Spieler halten sich an den Händen. Sie stellen ein Gartentor dar. Sie gehen langsam auseinander, so daß sich das Gartentor öffnet.
„Wir sind das Gartentor."
Ein Spieler stellt einen Apfelbaum dar.
„Ich bin der Apfelbaum und stehe im Garten."
Der nächste Spieler stellt den Wind dar und pustet den Apfelbaum an.
„Ich bin der Wind und sause durch die Zweige."
Ein weiterer Baum kommt hinzu.
„Ich bin der Birnbaum und stehe im Garten."
Jetzt kommt die Sonne hinzu. Sie hält ihre gespreizten Finger strahlenförmig um ihren Kopf.
„Ich bin die Sonne und scheine auf die Bäume."
Ein dritter Baum kommt hinzu.
„Ich bin der Pflaumenbaum und stehe im Garten."
Mit den Händen wird von dem nächsten Spieler gezeigt, wie es regnet.
„Ich bin der Regen und tropfe auf die Blätter."
Ein Kind kommt in den Garten und pflückt das Obst von den Bäumen.
„Ich bin die Carmen und pflücke das Obst."
Die Mutter kommt mit einer großen Schüssel.
„Ich bin die Mutter. Komm, Carmen, wir machen einen Obstsalat!"
Carmen bringt der Mutter das Obst, das sie gepflückt hat.
Erzähler: „Alle haben geholfen, damit wir das Obst ernten konnten. Der Garten, der Apfelbaum, der Wind, der Birnbaum, die Sonne, der Pflaumenbaum und der Regen."
(Entweder benennt der Erzähler die einzelnen Mitspieler und zeigt auf sie, oder diese sagen selbst, was sie dargestellt haben.)

Alle Mitspieler stellen sich im Halbkreis auf. Mutter und Carmen kommen hinzu und bringen eine große Schüssel Obstsalat mit.
Carmen: „Wir wollen zusammen feiern."
Mutter: „Wir danken Gott für die gute Ernte."
Sie verteilen den Obstsalat an alle Mitspieler.

Das Spiel kann völlig auf Requisiten verzichten. Die Bäume können auch richtige Früchte tragen.

Rolf Krenzer

Zu dem folgenden Danklied können wir mit Gesten darstellen, wofür wir Gott danken wollen:

Dankeschön

Text: Rolf Krenzer Musik: Peter Janssens

Aus LP, MC und Liedheft: „Kommt alle und seid froh." Rechte im Peter Janssens Musik Verlag, 48291 Telgte.

2. Du schenkst uns deine Gaben, daß wir zu essen haben. Ja, alles kommt von dir. Drum danken wir dafür. Dankeschön sagen wir ...

3. Du läßt den Regen fallen und hell die Sonne strahlen. Ja, alles kommt von dir. Drum danken wir dafür. Dankeschön sagen wir ...

4. Den Tag hast du erschaffen, die Nacht zum guten Schlafen. Ja, alles kommt von dir. Drum danken wir dafür. Dankeschön sagen wir ...

5. Die Pflanzen auf den Feldern, die Bäume in den Wäldern. Ja, alles kommt von dir. Drum danken wir dafür. Dankeschön sagen wir ...

6. Du läßt die Vögel singen. Auch unser Lied soll klingen. Ja, alles kommt von dir. Wir danken dir dafür. Dankeschön sagen wir ...

2. Allerheiligen/Totensonntag

Eine Auswahl einfacher Texte zu dieser Thematik findet man in: R. Krenzer/V. Fritz: „100 einfache Texte zum Kirchenjahr." Kaufmann, Lahr/Kösel, München und R. Krenzer (Hrsg.): „Ich wünsche dir ein gutes Jahr", Lahn-Verlag, Limburg.

Die Begegnung mit dem Tod gehört zu unserem Leben. In der Passionszeit erfährt das Kind davon. Es erfährt auch aus dem Fernsehen, von Bildern und aus den Gesprächen, die zu Hause geführt werden, daß Menschen sterben. Es kann auch sein, daß es den Tod eines Menschen erleben muß, den es kennt, ja auch eines Menschen, den es lieb hat. Deshalb ist es wichtig, ihm so früh wie möglich zu vermitteln, daß der Tod nicht das Ende des Lebens bedeutet, sondern der Anfang eines neuen Lebens bei Gott, unserem Vater.

Das Einbringen von Texten zum Tod erfordert ganz besondere Behutsamkeit. Die folgende Erzählung macht deutlich, daß viele Fragen aufgeworfen werden, Fragen, die sich Erwachsene genauso stellen wie Kinder. Sie macht aber auch deutlich, daß es einen Trost gibt.

Tommys Opa

Ein Kind wird mit dem Tod seines Großvaters konfrontiert. Leid, Trost und Hoffnung

Im letzten Jahr hat Tommy seinen Opa nur noch selten gesehen.

Tommys Opa lag in der Klinik.

Vorher war der Opa immer gesund gewesen und hatte immer dann, wenn Tommy ihn besuchte, mit ihm herumgetollt und ihm die schönsten Sachen gezeigt. Ihm fehlte nichts. Aber dann war er beim Arzt gewesen. Es wäre besser, sich von Zeit zu Zeit einmal untersuchen zu lassen. Das hatte die Oma gemeint.

Der Arzt hatte ihn sofort in die Klinik überwiesen.

„Aber mir fehlt doch nichts!" hatte der Opa damals gesagt.

Aber dann gab es eine Operation nach der anderen.

Da hatte der Opa so schlimme Schmerzen, daß er nicht mehr aus dem Bett aufstehen konnte. Als Tommy ihn mit seinen Eltern besuchte, erschrak er.

Der Opa war plötzlich alt geworden. Sehr alt.

„Wirst du bald wieder gesund?" hatte Tommy den Opa gefragt.

„Wenn Gott es will, werde ich wieder gesund!" hatte der Opa gesagt.

Aber dann war der Opa gestorben.

Warum nur? Tommy muß oft daran denken, was der Opa gesagt hat.

Wollte Gott ihn nicht wieder gesund werden lassen?

Seine Oma weint viel. Sie hat den Opa sehr, sehr lieb gehabt.

Genau wie Tommy.

„Warum hat er ihn nicht wieder gesund gemacht?" fragt Tommy.

„Der Arzt hat alles versucht, was ihm möglich war!" sagt die Oma.

„Nein, nicht der Arzt!" meint Tommy. „Gott hat ihm nicht geholfen!" Da putzt sich die Oma die Nase und nimmt den kleinen Tommy auf ihren

Schoß. „Weißt du, Tommy!" sagt sie. „Gott hat ihn sterben lassen, weil er ihn jetzt bei sich haben will. Das hat der Opa gewußt. Als er starb, wußte er, daß Gott auf ihn wartete."

„Und warum weinst du jetzt immer?" fragt Tommy. „Warum weint die Mutti? Und warum muß ich immer weinen, wenn ich an den Opa denke?" Da drückt die Oma den Tommy ganz fest an sich: „Wir weinen, weil wir alle den Opa so lieb gehabt haben und weil er uns jetzt so fehlt!"

Tommy überlegt, wie er sich und die Oma trösten könnte.

Schließlich sagt er: „Wenn ich an ihn denke, dann meine ich, er ist wieder da!"

Die Oma nickt. „Gott hat ihn uns für eine lange Zeit geschenkt. Ich war mit dem Opa viele Jahre zusammen. Es waren schöne Jahre. Ich denke an all das, was wir zusammen erleben durften." Sie seufzte. „Ja, Tommy, es ist schwer für uns alle, daß der Opa nicht mehr da ist. Aber ich danke Gott für alle Tage, die wir zusammen sein durften. Und ich bin Gott dankbar, daß er ihn von seinen Schmerzen erlöst hat."

„Hatte er immer Schmerzen in der Klinik?" fragt Tommy.

„Jetzt nicht mehr!" sagt die Oma leise. „Jetzt nicht mehr, Tommy. Wenn einer bei Gott sein darf, dann hat er keine Schmerzen mehr!"

Rolf Krenzer

Besuch auf dem Friedhof

Der Besuch auf einem Friedhof, einen Blumenstrauß auf ein Grab stellen, darüber sprechen, wie Menschen die Gräber ihrer Angehörigen pflegen, können für das Kind tiefe Erlebnisse bedeuten. Daß es schwer ist, einen Menschen zu verlieren, kann die Erzieherin dem Kind glaubhaft verdeutlichen, wenn sie von einem eigenen Verlust berichtet. Ebenso glaubhaft ist es aber auch dann, wenn der vertraute Erwachsene ihm sagt, daß er sicher ist, daß derjenige, den er so lieb gehabt hat, einmal mit Gott wieder leben wird.

Eine Kinder verständliche Aussage beinhaltet das folgende Lied zu Offenbarung 21, 1–7.

Aus MC und Singheft: „Josef zwischen Wohlstaat und Armewelt.“ Rechte im Peter Janssens Musik Verlag, Telgte. Ein weiteres Lied: „Wir malen Gottes Paradies“ in MC und Liedheft: „Und sie fingen an, fröhlich zu sein.“ Kopier- und Verlagsrechte im Menschenkinder Verlag, Münster.

Ich weiß eine Stadt Text: Rolf Krenzer Musik: Peter Janssens

2. Ich weiß eine Stadt, ohne Lärm und Gestank.
   Man braucht kein Benzin und kein Geld auf der Bank.
   In der Stadt gibts keine Angst, keinen Streit.
   Und der Große hat für den Kleinen Zeit
   in der Stadt, in der Stadt.
   Ich weiß eine schöne Stadt.

3. Ich weiß eine Stadt, in der lebt jeder frei.
   Kein Schloß vor der Tür, keine Stadtpolizei.
   In der Stadt dort vertraut jedermann jedermann.
   Und der Starke nimmt sich des Schwachen an
   in der Stadt, in der Stadt.
   Ich weiß eine schöne Stadt.

4. Ich weiß eine Stadt, komm und schau sie dir an.
   Kein Kraftwerk gibt's dort, keine Stadtautobahn.
   In der Stadt dort lebt jeder froh wie ein Kind,
   weil wir alle bei unserem Vater sind
   in der Stadt, in der Stadt.
   Ich weiß eine schöne Stadt.

5. Ich weiß eine Stadt, und die wird einmal sein.
   Wir stehen davor, und wir gehen hinein.
   In die Stadt dort wollen wir alle gern geh'n,
   und wir wollen uns dort gern wiedersehn
   in der Stadt, in der Stadt.
   Ich weiß eine schöne Stadt.

3. Martinstag

Martinslieder in den beiden Sammlungen: Rolf Krenzer: Voll Freude ist das ganze Haus, Verlag Herder, Freiburg, Neuausgabe 1994. Rolf Krenzer: Die Weihnachtsmusikanten, Lahn-Verlag, Limburg 1992 (Es gibt keine Überschneidungen in beiden Büchern!) Martinsspiele in: Rolf Krenzer: Die Adventszeit im Kindergarten, Ernst Kaufmann, Lahr 1993. Rolf Krenzer: Weihnachten ist nicht mehr weit, Lahn, Limburg 4. Aufl. 1992. Rolf Krenzer: Winterzeit – Kinderzeit, Ernst Kaufmann, Lahr 1995. Rolf Krenzer: Ich freu' mich auf die Weihnachtszeit, Ellermann, München 1995.

Die liebenswerte Gestalt des heiligen Martin wird jährlich im Kindergarten vorgestellt. Laternen werden gebastelt und Umzüge mit den Eltern mit Laternenliedern veranstaltet. Zu den traditionellen Laternenliedern sind inzwischen viele neue hinzugekommen.

Weil das Leuchten der Laterne von Kindern sehr geliebt wird, sollten wir das Laternenanzünden nicht nur auf den Martinsumzug beschränken, sondern dann, wenn die ersten Laternen fertig sind, zum Abschluß des Tages keinen Kreis bilden und die Laternen anzünden.

- Wir zünden eine Laterne an und singen Laternen- und Martinslieder.
- Wir zünden die Laterne an und hören zu, wenn eine Geschichte erzählt wird.
- Wir backen gemeinsam kleine Martinsbrezeln und Martinsplätzchen.
- Wir hören Martinsgedichte.
- Wir tanzen einen Laternentanz.
- Wir spielen ein Spiel zum Martinstag.

Das folgende kleine Martinsspiellied kann bereits mit den Jüngsten gestaltet werden. Die Spielanweisungen ergeben sich direkt aus dem Text des Liedes. Sankt Martin kann seinen Mantel teilen, indem er zwei Umhang-Stücke mit dem Holzschwert oder mit einem pantomimisch dargestellten Schwert auftrennt. Er kann auch zwei gleiche Umhänge übereinander anziehen und dann teilen.

Jeweils zwei Kinder halten die ausgestreckten Hände so aneinander, daß sie das Dach eines Hauses bilden. Ein weiteres Kind steht in diesem Haus und weist den Bettler ab, wenn er anklopft. Mit Karton und farbigem Transparentpapier läßt sich zu dem Lied auch ein Schattenspiel gestalten. Zur letzten Strophe werden dann bunte Laternen gezeigt.

Aus LP, MC und Liedheft: „Kommt alle und seid froh." Rechte im Peter Janssens Musik Verlag, 48291 Telgte.

Ein armer Mann – Martinslied Text: Rolf Krenzer Musik: Peter Janssens

2. Ihm ist so kalt. Er friert so sehr.
   Wo kriegt er etwas Warmes her?
   Er hört kein gutes Wort,
   und jeder schickt ihn fort.
   Er hört kein gutes Wort,
   und jeder schickt ihn fort.

3. Der Hunger tut dem Mann so weh,
   und müde stapft er durch den Schnee.
   Er hört kein gutes Wort,
   und jeder schickt ihn fort.
   Er hört kein gutes Wort,
   und jeder schickt ihn fort.

4. Da kommt daher ein Reitersmann,
   der hält sogleich sein Pferd hier an.
   Er sieht den Mann im Schnee
   und fragt: „Was tut dir weh?"
   Er sieht den Mann im Schnee
   und fragt: „Was tut dir weh?"

5. Er teilt den Mantel und das Brot
   und hilft dem Mann in seiner Not,
   so gut er helfen kann.
   Sankt Martin heißt der Mann.
   Er hilft, so gut er kann.
   Sankt Martin heißt der Mann.

6. Zum Martinstag steckt jedermann
   leuchtende Laternen an.
   Vergiß den andern nicht,
   drum brennt das kleine Licht.
   Vergiß den andern nicht,
   drum brennt das kleine Licht.

Martin und der Bettler

Eine kleine Pantomime mit vielen Orff-Instrumenten.

Es spielen mit: Martin, der Bettler, viele Bäume, spielende Kinder und der Wind, der von mehreren Spielern dargestellt wird.

Die Geräusche werden mit dem kleinen Schlagwerk des Orff-Instrumentariums produziert (Geräusche des Windes, Pferdegetrappel, Begleitung zum Spiel der Kinder, Schneeflocken, Schneeballschlacht usw.)

Pantomime mit Musik

Spielverlauf:
Die Bäume verteilen sich im Raum. Windgeräusche setzen ein. Da kommen Kinder. Sie freuen sich über den Schnee, der vom Himmel fällt. Sie laufen durch den Schnee. Kinder fahren Schlitten, andere Schi, ein paar Kinder rutschen. Zum Schluß bauen alle einen Schneemann. Dann müssen die Kinder nach Hause. Sie verabschieden sich voneinander und gehen.

Der Bettler geht durch den Wald. Er geht gebückt und friert. Er schlägt die Arme um sich, um sich ein wenig Wärme zu verschaffen. Schließlich läßt er sich langsam vor einem Baum nieder. Jetzt kommt Wind auf. Es ist

zu hören, wie es stürmt. Der Wind schüttelt die Bäume. Es wird immer kälter. Der Bettler sitzt zusammengekauert vor dem Baum und friert.

Da reitet Martin durch den Schnee. Man hört das Pferdegetrappel. Ein Spieler stellt ein Pferd dar.

Der Bettler sieht Martin kommen, hebt die Hände, fleht um Hilfe. Harte, kalte Töne werden auf dem Metallophon angeschlagen.

Da hält Martin sein Pferd an und teilt den Mantel mit dem Schwert. Auf dem Holzglockenspiel erklingt eine pentatonische Melodie.

Martin reicht dem Bettler eine Hälfte seines Mantels. Dann grüßt er ihn und reitet davon.

Der Bettler legt sich den Mantel um. Ihm wird wärmer.

Er zeigt, wie sehr er sich über den wärmenden Mantel freut. Dann greift er in die Tasche des Mantels und findet ein Brot. Er dankt Gott und beißt in das Brot hinein.

Dann geht er langsam davon.

Zu der Pantomime kann auch von dem Spielleiter die ganze Geschichte erzählt werden:

Die Legende von Martin und dem Bettler

Es ist ein bitterer Winter und ein kalter Tag.

Die Kinder freuen sich über den vielen Schnee. Sie formen dicke Schneebälle und machen eine Schneeballschlacht. Im Schnee kann man Schlitten fahren. Man kann auch Schi fahren oder Schlittschuh laufen oder einen Schneemann bauen.

Aber dann, wenn die Sonne untergeht und es noch kälter wird, dann laufen die Kinder nach Hause. Sie ziehen ihre dicken Mäntel und Stiefel aus und wärmen sich daheim.

Einer kann nicht nach Hause gehen und sich dort wärmen.

Er hat kein zu Hause.

Er friert, denn statt eines Mantels und dicker Winterstiefel hat er nur ein paar Lumpen umhängen. Da pfeift der Wind hindurch. Und es wird immer kälter.

Jetzt, wenn die Sonne untergeht und die Nacht hereinbricht, wird es eisig kalt.

Es ist ein Bettler, der frierend durch die Kälte geht und sich dann unter einen Baum hockt. Vielleicht ist es ein bißchen wärmer, wenn man sich hinhockt. Unter dem Baum pfeift der Wind nicht gar so sehr. Der Baum bietet ein wenig Schutz.

Aber wie wird es in der kalten Nacht werden.

Ob ein Baum so viel Schutz bietet, daß der Bettler die Nacht überleben kann?

Pferdegetrappel. Jemand kommt durch den Wald geritten. Auch im Schnee hört der Bettler noch das Stampfen der Hufe.

Ein Reiter kommt durch den Wald. Ein Soldat. Er trägt einen Helm und einen weiten, warmen Mantel. Und ein Schwert hat er. Ja, es ist ein Soldat. Ein Soldat des Kaisers.

Ängstlich kauert der Bettler unter dem Baum. Ob der Soldat ihn in Ruhe läßt. Ob er ihn aufjagt? Am besten wäre es, er würde ihn gar nicht sehen.

Doch schon hält der Soldat sein Pferd an. Er hat gesehen, daß jemand unter dem Baum im Schnee hockt.

Da hebt der Bettler beide Hände zu ihm auf. Er hebt die leeren Hände bittend hoch: Ich bin bettelarm. Tu mir nichts! Hab Mitleid mit mir. Hilf mir, Soldat!

Der Soldat greift nach seinem Schwert.

Nein, er wird dem Bettler nichts Böses tun.

Er reißt seinen Mantel von der Schulter, nimmt das Schwert und schlägt zu. Er trennt mit dem Schwert seinen Mantel mittendurch.

Dann steigt er vom Pferd herunter und geht zu dem Bettler.

Er hängt den einen Teil des warmen Mantels um die Schultern des armen Mannes.

Und der Bettler spürt, wie gut diese Wärme tut. Die Wärme, die der Mantel verbreitet. Und die Freundlichkeit des fremden Soldaten, die plötzlich die schlimme Kälte erträglicher macht.

Ja, mit diesem Mantelteil wird er weitergehen können. Vielleicht zu einem Gasthaus, wo er im Stall schlafen darf. Vielleicht zu einem Haus, wo man ihn doch noch aufnimmt.

Er weiß nicht, wie er danken soll.

Der Soldat sitzt bereits wieder auf seinem Pferd. Er gibt ihm die Sporen und reitet davon.

Dieser Soldat erzählte später, daß Jesus ihm im Traum erschienen sei. Und Jesus sah aus wie der Bettler, mit dem er seinen Mantel geteilt hatte.

Später wollte dieser Soldat kein Soldat mehr sein. Er legte den Helm und das Schwert ab. Jahre danach wurde er sogar ein guter Bischof. Wir kennen ihn alle mit Namen. Und am 11. November feiern wir seinen Namenstag.

Rolf Krenzer

4. Advent und Weihnachten

Die Advents- und Weihnachtszeit bringt wegen ihrer vielen Höhepunkte im familiären Bereich, aber auch durch die vielen Angebote in den geschmückten Schaufenstern, Straßen und Kaufhäusern dem Kind starke emotionale Erlebnisse. Gerade hier erscheint es mir wichtig, im Rahmen der religiösen Erziehung das Kind erleben zu lassen, wie wir uns gemeinsam auf die Geburt unseres Herrn Jesus Christus vorbereiten, so daß diese Erlebnisse sich bewußt abheben von der Bedürfnisweckung der Werbung und den kitschigen Gefühlsduseleien, die anderen Zwecken dienen und nichts mehr mit Weihnachten zu tun haben, denen das Kind aber ausgeliefert ist.

Im Lied, im Spiellied und im Spiel kann das Wunder der Menschwerdung Gottes in elementarer Weise dem Kind begreiflich gemacht werden.

Aus MC und Liedheft: „Ich schenk' dir einen Sonnenstrahl", 1985 erschienen. Rechte im Peter Janssens Musik Verlag, 48291 Telgte.

Das Licht einer Kerze – Adventslied Text: Rolf Krenzer Musik: Peter Janssens

2. Wir zünden zwei Kerzen
jetzt am Adventskranz an.
Und die beiden Kerzen
sagen's allen dann:
Laßt uns alle hoffen
hier und überall,
hoffen voll Vertrauen
auf das Kind im Stall.

3. Es leuchten drei Kerzen
so hell mit ihrem Licht.
Gott hält sein Versprechen:
Er vergißt uns nicht.
Laßt uns ihm vertrauen
hier und überall.
Zeichen seiner Liebe
ist das Kind im Stall.

4. Vier Kerzen hell strahlen
durch alle Dunkelheit.
Gott schenkt uns den Frieden.
Macht euch jetzt bereit:
Gott ist immer bei uns,
hier und überall.
Darum laßt uns loben
unsern Herrn im Stall!

Anregungen:

Wir beginnen in der ersten Adventswoche mit dem ersten Vers. In den folgenden Wochen kommen die weiteren Verse dazu.

Ein Kind geht vorsichtig mit der Kerze zu dem Lied im Kreis herum. Es gibt am Ende des Verses einem anderen Kind im Kreis die Kerze und wünscht ihm einen schönen Advent. Dann geht dieses Kind mit der Kerze herum. Die Kerze kann auch unter einem Glasschutz in einem Ständer getragen werden. Auch ein Windlicht eignet sich.

Ein Kind steht mit der Kerze oder mit einem Adventskranz in der Mitte des Kreises. Wir gehen langsam zu dem Lied um es herum.

Wir bilden zwei Kreise, die um das Kind mit der Kerze herumgehen. Ein Kreis geht links-, der andere rechtsherum.

Wir gehen in einer langen Schlange oder in einer Zweierreihe hinter den Kindern her, die die Kerzen tragen.

Das Lied kann auch zur Weihnachtsfeier des Kindergartens zusammen mit den Eltern gesungen und gespielt und in einen ganz einfachen Kerzenreigentanz gestaltet werden.

Zum Schluß können dann noch viel mehr Kerzen hinzukommen.

Eine Legende vom heiligen Nikolaus

Der heilige Nikolaus war ein Bischof, der den Armen half, wo er nur konnte. Besonders kümmerte er sich um die Kinder. Deshalb feiern wir jedes Jahr am 6. Dezember den Nikolaustag. Und die Geschenke, die uns dann der Nikolaus bringt, erinnern uns an den heiligen Nikolaus, der vor vielen Jahren die Kinder beschenkte.

Damals lebte ein Mann mit seinen Kindern. Die Mutter war gestorben. Der Vater war arbeitslos geworden. Da gab es kaum etwas zu essen und auch keine warmen Kleider im Winter.

Als der Vater dann auch noch krank wurde, war die Not so groß, daß die Kinder am Abend hungrig ins Bett gingen.

Wie staunten sie aber, als am Morgen ein großer Sack vor ihrer Tür stand. Als sie ihn öffneten, fanden sie darin Mehl und Brot. Da brauchten sie nicht mehr zu hungern.

Legende: Die drei Säcke

Advents- und Weihnachtslieder und -spiele in den beiden Sammlungen: Rolf Krenzer: Voll Freude ist das ganze Haus, Verlag Herder, Freiburg, Neuausgabe 1994. Rolf Krenzer: Die Weihnachtsmusikanten, Lahn-Verlag, Limburg 1992 (Es gibt keine Überschneidungen in beiden Büchern!) Hier werden auch die CDs und MCs mit genauen Bezugsquellen genannt.

Am nächsten Morgen aber stand wieder ein Sack vor der Tür. Und als die Kinder ihn öffneten, fanden sie warme Kleider darin. Da brauchten sie nicht mehr zu frieren.

Der Vater mußte immer an den Bischof denken. Er hatte von ihm gehört, daß er den Armen half. Ob er es war, der sie so reichlich beschenkt hatte.

Er sagte zu seinen Kindern: „Heute nacht wollen wir alle wach bleiben. Sollte wirklich der Bischof Nikolaus noch einmal zu uns kommen, dann wollen wir ihm von Herzen danken!"

Aber den Kindern fielen am Abend doch vor Müdigkeit die Augen zu. Der Vater blieb wach. Und wirklich! Spät in der Nacht hörte er ein Geräusch vor der Tür. Da sprang er auf und lief zur Tür und öffnete sie. Er sah auch, daß ein Mann mit schnellen Schritten davonging. So gut er konnte, lief er hinter ihm her. Und dann erkannte er den Bischof Nikolaus.

„Danke!" rief er. „Danke für alles, was du für uns getan hast!"

Der Bischof wandte sich um. „Geh nach Hause!" sagte er freundlich. „Wenn du gesund bist, wirst du bald wieder Arbeit finden!"

Er lächelte dem Mann freundlich zu und ging dann weiter.

Wie staunte der Mann aber, als er beim Heimkommen noch einen Sack vor der Tür fand. Vor lauter Freude weckte er die Kinder.

Und was fanden sie diesmal im Sack?

Schuhe! Ja, Schuhe! Jetzt brauchten sie nicht mehr barfuß zu laufen. Als sie aber in die Schuhe schlüpfen wollten, da konnten sie es nicht. In den Schuhen steckten nämlich die allerschönsten Dinge: Spielzeug, Äpfel, Nüsse und Plätzchen. Das alles hatte ihnen der Bischof Nikolaus geschenkt. Wie freuten sich da die Kinder! Daran erinnern wir uns, wenn wir heute am Abend unsere Schuhe vor die Tür stellen und hoffen, daß der Nikolaus etwas hinein legt.

Neu erzählt von Rolf Krenzer

Rollenspiel

Die Legende läßt sich in ein kleines Rollenspiel umsetzen:

1. Szene: Die Kinder haben Hunger. Sie haben auch keine warmen Kleider. Der Vater fühlt sich krank. Er legt sich ins Bett. Sie bitten gemeinsam Gott um Hilfe.

2. Szene: Alle schlafen. Der Nikolaus kommt mit einem Sack und stellt ihn ab.
Die Kinder erwachen, sehen den Sack, packen ihn aus. Teilen das Brot, das sie darin finden, an alle aus. Sie danken Gott für das Brot.

3. Szene: Die Kinder gehen zur Ruh. In der Nacht bringt der Nikolaus den zweiten Sack. Die Kinder erwachen, packen die Kleidung aus dem Sack aus und ziehen sie an. Auch Kleidung für den Vater ist dabei. Sie danken gemeinsam Gott für die Hilfe. Sie beschließen, in dieser Nacht wach zu bleiben. Der Vater meint, daß vielleicht der Bischof Nikolaus ihnen geholfen hat.

4. Szene: Die Kinder bemühen sich, wach zu bleiben, schlafen aber dann doch einer nach dem anderen ein. Nur der Vater bleibt wach. Der Nikolaus kommt mit dem dritten Sack. Der Vater springt auf, läuft hinter ihm her, dankt ihm. Als er zurückkommt, entdeckt er den Sack. Er weckt die Kinder. Sie finden die Schuhe im Sack, wollen sie anprobieren und entdecken Spielzeug und andere Dinge.

Einen ausgearbeiteten Spielvorschlag zu dieser Legende findet man in R. Krenzer (Hrsg.): „Ich wünsche dir ein gutes Jahr." Lahn-Verlag, Limburg. Als Rollensatz im Dr. Heinrich Buchner Verlag, Krailing vor München: „Drei geheimnisvolle Säcke" (BS 749). Im gleichen Verlag ein weiteres Spiel: „Brot für alle Hungrigen" (BS 750).

Ein überliefertes Nikolausgedicht stellt in präziser und einfacher Form die Besonderheit des heiligen Nikolaus in den Mittelpunkt und hebt sich wohltuend von den vielen Nikolausreimen ab, in denen er nicht nur als Märchenfigur, sondern zum Teil auch angsterregend vorgestellt wird. Das Gedicht läßt sich auch mit einer pentatonischen Melodie singen, die gemeinsam mit den Kindern selbst erfunden werden kann.

Sankt Nikolaus

Vor langen, langen Jahren
in einem fernen Land
lebt' einst ein heiliger Bischof,
Sankt Nikolaus genannt.
Er war geliebt von groß und klein,
denn alle wollte er erfreun,
und noch vom Himmel steigt er nieder,
beschenkt die guten Kinder wieder.

Krippenspiel

Die Weihnachtsgeschichte im Spiel

Die Weihnachtsgeschichte wird dann zum Erlebnis, wenn sie immer wieder gespielt werden darf. Weil aber jeder einmal Maria und Josef, die Wirte und die Hirten und auch die Könige spielen möchte, verhilft das Spiellied dazu, die einzelnen Szenen jeden Tag wieder mit anderen Spielern und mit neuer Freude die Geschichte zu erleben.

Die Aneinanderreihung verschiedener Spiellieder kann nach und nach zu einem Krippenspiel mit verschiedenen Szenen führen, das ebenso einer anderen Gruppe oder den Eltern bei der Weihnachtsfeier vorgestellt werden kann.

Herbergssuche

Text: Rolf Krenzer Musik: Ludger Edelkötter

1. Gruppe: Wer klopft denn hier?
Wer klopft denn hier?
2. Gruppe: Zwei Menschen stehen vor der Tür.
1. Gruppe: Was wollt ihr zwei?
Was wollt ihr zwei?
2. Gruppe: Ist noch ein Zimmer frei?
Wir sind so weit gelaufen
und möchten gern verschnaufen.
Drum bitten wir,
drum bitten wir:
Kommt, öffnet eure Tür!
1. Gruppe: Geht weiter,
oder alle: geht weiter!
Es tut uns ja so leid!
Geht weiter,
geht weiter!
Kein Platz und keine Zeit!

Maria und Josef gehen von einem zum nächsten Gasthaus. Das Lied wird an den verschiedenen Stationen wiederholt. Bei der letzten Station zeigt einer Maria und Josef den Stall und führt sie dorthin.

Dazu singen alle:
Geht weiter,
geht weiter!
So heißt es überall.
Geht weiter,
geht weiter!
So bleibt nur noch der Stall.

Die Engel verkünden den Hirten, daß Jesus geboren ist

Hirtenspiellied

Die Hirten liegen und schlafen. Es können auch noch Schafe und Hunde dabei sein. Ein Kind darf den „Beleuchter" am Lichtschalter spielen. Immer, wenn der Engel spricht, wird das Licht angeknipst. Das ist übrigens die begehrteste Rolle im Spiel.

Der Engel weckt den ersten Hirten. Danach weckt einer den anderen. Am Ende gehen alle zum Stall.

Ich habe dieses Hirtenspiellied oft schon ganz ungeprobt bei einer Weihnachtsfeier eingesetzt, wobei es sich zeigte, daß die Spieler sogleich zu den einzelnen im Text des Liedes vorgestellten Szenen agierten und viel Freude dabei hatten. Besonderen Spaß machte es, wenn Eltern und Kinder dann gemeinsam die Hirten spielen.

Sieben Hirten schlafen

Text: Rolf Krenzer Musik: Peter Janssens

Aus LP, MC und Singheft: „Kommt alle und seid froh“, 1982. Rechte im Peter Janssens Musik Verlag, 48291 Telgte. Hier findet man auch noch ein einfaches Lied zur Herbergssuche sowie ein Sternsingerlied. Das Bilderbuch zu diesem Lied: „Ihr Hirten, lauft zum Stall“ im Echter-Verlag, Würzburg 1993, Bilder: Heinrich Euler.

2. Noch sechs Hirten schlafen
hier bei ihren Schafen.
Da, ein helles Licht!
Und der Engel spricht:
(Chor und alle)
Heute ist Jesus geboren ...

3. Noch fünf Hirten schlafen
hier bei ihren Schafen.
Da, ein helles Licht!
Und der Engel spricht:
(Chor und alle)
Heute ist Jesus geboren ...

4. Noch vier Hirten schlafen
hier bei ihren Schafen.
Da, ein helles Licht!
Und der Engel spricht:
(Chor und alle)
Heute ist Jesus geboren ...

5. Noch drei Hirten schlafen
hier bei ihren Schafen.
Da, ein helles Licht!
Und der Engel spricht:
(Chor und alle)
Heute ist Jesus geboren ...

6. Noch zwei Hirten schlafen
hier bei ihren Schafen.
Da, ein helles Licht!
Und der Engel spricht:
(Chor und alle)
Heute ist Jesus geboren ...

7. Seht ihr den noch schlafen
hier bei seinen Schafen.
Da, ein helles Licht!
Und der Engel spricht:
(Chor und alle)
Heute ist Jesus geboren ...

8. Sieben Hirten schlafen
nicht mehr bei den Schafen.
Kommt ihr Hirten all,
kommt und lauft zum Stall!
(Chor und alle)
Heute ist Jesus geboren ...

Aus MC und Liedheft: „Die gute Nachricht weitersingen.“ Kopier- und Verlagsrechte im Menschenkinder Verlag, 48157 Münster

Komm und gib mir deine Hand – Kinderweihnachtslied

Text: Rolf Krenzer Musik: Detlev Jöcker

2. Freust du dich so sehr,
ruf die andern her!
Geh'n wir all' zusammen,
dann werden's immer mehr.
Jeder soll es seh'n,
daß wir zu ihm geh'n,
denn das Kind im Stall,
das ist Christus, unser Herr.
Komm und gib mir deine Hand ...

Einer geht im Kreis herum und fragt einen anderen, was er dem Kind schenken will. Dann darf jeder etwas nennen. Nach und nach werden es immer mehr, die sich dem Zug anschließen und zum Stall gehen.

Zum Schluß kommen noch die drei Könige mit ihrem Stern. Hierzu kann das folgende Sternsingerlied gesungen werden.

Sternsingerlied Text: Rolf Krenzer Musik: Lele Jöcker

2. Wir fragen alle Leute.
   Wir fragen nach dem Herrn.
   Dich Christus woll'n wir loben.
   So folgen wir dem Stern.
   Und so gehen wir ...

3. So lang ist unsre Reihe.
   Wir werden immer mehr.
   Dich Christus woll'n wir ehren.
   Denn du bist unser Herr.
   Und so gehen wir ...

Auch die folgende Legende läßt sich parallel zu dem Lied in ein kleines Rollenspiel umsetzen. Dabei ergeben sich die Spielanleitungen aus dem Text.

Die Legende vom armen Hirtenjungen

Text: Rolf Krenzer Musik: Wolfgang Jehn

Originalbeitrag. Komponist Wolfgang Jehn. Am Hasenmoor 23, 27726 Worpswede. Rechte bei den Autoren.

2. Es mußten die Hirten denken
an das arme Kind im Stroh
und wollten ihm etwas schenken
und waren von Herzen froh.

3. Was braucht ein Kind zum Leben?
Vielleicht Decken, weich und warm?
Der Hirtenbub konnt' nichts geben,
denn er war bettelarm.

4. Sie liefen zum Stall gemeinsam.
Er zog hinter ihnen her
und war so traurig und einsam
und hatt' die Hände leer.

5. Sie brachten dem Kind ihre Gaben
und waren froh in der Nacht.
Nur einer der Hirtenknaben
hatte gar nichts mitgebracht.

6. Da tat er zum Kind sich wenden
und streichelte sein Gesicht
ganz zart und mit guten Händen;
mehr hatte er ja nicht.

7. So hat ein Armer voll Wehmut
den ärmsten Bruder begrüßt
und hat in tiefer Demut
den Herrn der Welt geküßt.

8. Da legte Maria dem Jungen
das Kind mit Vertrau'n in den Arm.
Die Engel haben gesungen,
im Stall wurd's hell und warm.

Gloria, Halleluja!
Gloria, Halleluja!

Wie viele Tiere werden zu Weihnachten verschenkt und später wieder hergegeben. Das Tierweihnachtslied verdeutlicht, daß Maria die Verantwortung, die Gott dem Menschen über die Schöpfung gegeben hat, ernst nimmt und verwirklicht.

Wie war das mit dem Esel?

Wir bauen einen Stall auf, und dann kommen die Tiere alle hinzu. Einer spielt den Ochsen, ein anderer den Esel. Dazu kommen noch viele Schafe. Natürlich darf auch die kleine Maus am Ende nicht vergessen werden.

Aus MC und Liedheft „Ich schenk' dir einen Sonnenstrahl." Rechte im Peter Janssens Musik Verlag, 48291 Telgte.

Tier-Weihnachtslied

Text: Rolf Krenzer Musik: Peter Janssens

2. Wie war das mit dem Ochsen?
Er stand und schaute zu.
Maria legt das Kind so klein
ins warme Stroh der Krippe rein.
Sie schaut es an und lächelt froh,
denn Gottes Sohn schläft hier im Stroh.
Wie war das mit dem Ochsen?

Er stand und schaute zu.
Wie war das mit dem Ochsen?
Er sagte leis: „Muh! Muh!“

3. Wie war das mit den Schafen?
Sie waren in der Näh’.
Die Hirten ließen alles steh’n
und wollten Jesus Christus seh’n.
Sie kamen in den Stall hinein
und wollten bei dem König sein.
Wie war das mit den Schafen?
Sie waren in der Näh.
Wie war das mit den Schafen?
Sie sagten leis: „Mäh! Mäh!“

4. Was sagte da Maria,
als sie die Tiere sah?
Sie sagte: „Gottes Sohn ist hier
für Gottes Schöpfung, Mensch und Tier.“
Da mußt’ kein Tier zum Stall hinaus
und nicht einmal die kleinste Maus.
Was sagte da Maria,
als sie die Tiere sah?
Was sagte da Maria?
Sie sagte froh: „Bleibt da!“

Ein Tierkrippenspiel mit vielen Kindern: MC/CD und Spielbuch: „Was macht die Maus im Krippenstroh?“, Lahn-Verlag, Limburg 1996.

Noch ein Spielvorschlag, der spontan verwirklicht werden kann und sich auch für die Weihnachtsfeier eignet.

Kein Zimmer frei in Bethlehem

Weihnachtsspiel

Spielleiter: Dort steht der Kaiser Augustus. Er will wissen, wie viele Menschen in seinem Land wohnen. Alle müssen sich zählen lassen.
Kaiser (im prunkvollen Mantel mit Krone): „Jeder muß in die Stadt gehen, in der er geboren ist!“

Nun wird jeder Mitspieler von dem Spielleiter gefragt, wo er geboren ist. Die Spieler dürfen sich auch für das Spiel eine Stadt ausdenken, die sie kennen.

Auch Maria und Josef werden gefragt. „In Bethlehem!“ sagt Josef.

Jeder Spieler macht sich auf den Weg. Alle tauschen ihre Plätze. Einige haben einen kürzeren, andere einen längeren Weg.

Zum Schluß bleiben Maria und Josef noch übrig, die immer noch nicht in Bethlehem angelangt sind.

(Dieses Herumgehen kann mit einer Melodie auf einem Klanginstrument begleitet werden.)

Spielleiter: Alle zogen dorthin, wo sie geboren wurden.
Er wendet sich an Maria und Josef: „Ihr seid immer noch unterwegs?"
Maria: „Wir haben noch einen weiten Weg vor uns."
Josef: „Wir müssen noch nach Bethlehem."

Spielleiter: „Wer seid ihr?"
Maria: „Ich bin Maria."
Josef: „Ich bin Josef."
Spielleiter: Und so ziehen Maria und Josef nach Bethlehem.
Maria und Josef gehen weiter.

Spielleiter: Jetzt sind sie endlich in Bethlehem angelangt. Bald wird es dunkel werden. Aber hier ist ein Gasthaus.
Josef klopft an.
Wirt: „Herein!"
Josef: „Habt ihr noch Platz für uns?"
Wirt: „Nein, wir haben keinen Platz mehr! Tut mir leid!"

Spielleiter: So gehen sie zum nächsten Gasthaus.
Josef klopft wieder.
Wirt: „Herein!"
Josef: „Habt ihr noch ein Zimmer für uns?"
Wirt: „Nein! Es ist leider alles besetzt."
Spielleiter: Und so gehen sie von einem Gasthaus zum anderen. Aber überall schickt man sie fort.
Josef klopft noch einmal an.
Wirt: „Ihr wart doch vorhin schon bei mir."
Josef: „Meine Frau bekommt ein Kind. Wir wissen nicht mehr ein noch aus."
Wirt: „Dort drüben steht ein Stall. Es ist viel Stroh darin. Im Stall ist es warm. Wenn ihr da schlafen wollt, könnt ihr dort bleiben."
Josef: „Ja, wir sind auch mit dem Stall zufrieden. Vielen Dank."
Er nimmt Maria an der Hand und führt sie langsam zu dem Stall.

Spielleiter: In dieser Nacht wurde in dem Stall Gottes Sohn geboren. Ja, Jesus kam im Stall auf die Welt. Und Maria legte ihr Kind in die Futterkrippe. Über dem Stall strahlte ein heller Stern. Und bald wußten es viele Leute, daß Jesus im Stall von Bethlehem geboren war. Da kamen die armen Hirten vom Feld und liefen zum Stall. Und es kamen reiche Männer von weither, um den Herrn des Himmels und der Erde anzubeten. Sie brachten auch kostbare Geschenke mit.

Zu dem Text des Spielleiters kommen die Hirten und Weisen herzu und gehen zur Krippe. Anschließend singen wir gemeinsam ein Weihnachtslied.

Rolf Krenzer

5. Passion und Ostern

Eine Einheit: Passion – Ostern – Auferstehung – Himmelfahrt

Die Leidensgeschichte und Ostern müssen als Einheit gesehen werden, denn auch in den Geschichten von Ostern schwingt die Passionserfahrung Jesu mit. Ebenso läßt die Leidensgeschichte bereits etwas von der Osterhoffnung aufkeimen.

Für unsere Kinder ist es wichtig, zu erfahren, daß Jesus leiden mußte, daß er Freunde hatte, daß viele Menschen in ihm bereits den König sahen und bitter enttäuscht von dem waren, was dann in Jerusalem mit ihm geschah. Auch das Alleinsein Jesu können Kinder mitempfinden, ebenso wie das grenzenlose Vertrauen des ausgelieferten Menschensohnes an Gott, seinen Vater. Aber all das ist ohne Ostern und Himmelfahrt nicht denkbar. Das Licht der Osterkerze ist das Symbol für das Licht des Auferstandenen.

Im folgenden werden Möglichkeiten aufgezeigt, die dem Kind Erlebnisse und Erfahrungen vermitteln und es etwas mehr begreifen lassen, warum wir heute Jahr für Jahr uns auf die Passionszeit besinnen und Ostern feiern.

Zahlreiche einfache Texte zu Passion und Ostern findet man in R. Krenzer: „Die Osterzeit im Kindergarten." Kaufmann, Lahr. Hier wird auch eine Sammlung neuer mitvollziehbarer Lieder dazu angeboten. Weitere Texte, Lieder und Anregungen in R. Krenzer (Hrsg.): „Ich wünsche dir ein gutes Jahr", Lahn-Verlag, Limburg, und R. Krenzer/V. Fritz (Hrsg.): „100 einfache Texte zum Kirchenjahr", Kaufmann, Lahr/Kösel, München. Außerdem wird auf die Bilder von Helmut Wondra in: „Christusgeschichten." Reha-Verlag, Bonn-Bad Godesberg, und: „Bilder und Geschichten von Jesus." Hirschgraben-Verlag, Frankfurt a. M., verwiesen.

Gebet

Jesus, wir haben von deinem Leiden gesprochen.
Du warst allein.
Ganz allein.
Deine Freunde kamen nicht.
Dich tröstete keiner.
Trotzdem bist du den schweren Weg weiter gegangen.
Der Weg, der dich leiden ließ
und der dich schließlich zum Kreuz führte,
bis zum Tod.
Du bist den Weg der Liebe gegangen.
Du bist für uns gestorben
und für uns auferstanden.
Wie können wir dir danken? Amen.

Rolf Krenzer

Aus: „Kommt alle und seid froh“, 1982. Rechte im Peter Janssens Musik Verlag, 48291 Telgte.

Als Jesus gestorben war Text: Rolf Krenzer Musik: Peter Janssens

Neue einfache Passions- und Osterlieder mit der Musik von Martin Göth: CD und Buch „Auf einmal ist der Frühling da“, Verlag Ernst Kaufmann, Lahr 1996.

2. Als Jesus gestorben war,
da war die Welt so leer.
Die Großen und die Kleinen,
die konnten nur noch weinen.
Sie hatten ihn nicht mehr.
Sie hatten ihn nicht mehr.

3. Als Jesus auferstanden war,
besiegte er den Tod.
Ihr Großen und ihr Kleinen,
ihr braucht nicht mehr zu weinen.
Vorbei ist alle Not.
Vorbei ist alle Not.

Das Lied erzählt in ganz einfachen Worten das, was vor Ostern und dann Ostern geschah. Es macht deutlich, daß die große Traurigkeit von der größeren Osterfreude überstrahlt wird. Aber auch während der Leidenszeit gibt es Höhepunkte, die vom Kind erlebnishaft nachvollzogen werden können, zum Beispiel der Einzug Jesu in Jerusalem oder die Tischgemeinschaft mit den Jüngern.

Der kleine David hat ihn gesehen

Der Einzug Jesu in Jerusalem aus der Sicht eines Kindes

Damals, als Jesus auf einem Esel nach Jerusalem gekommen war, da jubelten und schrien die Leute, daß es der kleine David einfach nicht mehr zu Hause aushielt. Er lief hinter den anderen her, riß sich einen Zweig von einem Baum und winkte wie so viele dem Mann zu, der auf einem Esel durch die Straße ritt. „Es ist der neue König!" schrien die Leute. „Sei gegrüßt, Jesus! Dich hat Gott zu uns geschickt!"

David wunderte sich, denn der Mann auf dem Esel sah nicht so aus, wie er sich einen König vorstellte. Er trug keine Krone und auch keinen kostbaren Umhang. Nicht einmal ein Schwert hatte er.

Aber dann sah er ihm ins Gesicht. Er blickte ihm in die Augen. Und da spürte er, wie freundlich dieser Mann auf dem Esel war. Er lächelte und grüßte die Leute, die ihm zuwinkten. David war sich sicher, dieser Jesus würde bestimmt ein guter König werden. Er winkte ihm mit seinem Zweig so lange, bis er ihn nicht mehr sehen konnte.

Später dann hörte David davon, daß sie diesen Jesus gefangengenommen und an das Kreuz gehängt hatten. Am Kreuz war er gestorben.

Da mußte David immer wieder an den freundlichen Mann mit den guten Augen denken, dem er damals zugewinkt hatte. War das doch kein König gewesen? Aber David hatte ihn gut leiden können. Und daß er jetzt getötet worden war, das konnte der kleine David nicht verstehen. Auch seine Mutter war bedrückt. „Sie haben Gottes Sohn ans Kreuz genagelt!" sagte sie zu David. „So sagen es viele Leute! Aber man darf es nicht laut sagen! Es gibt hier viele Menschen, die sich über Jesus geärgert haben. Sie verfolgen auch die, die jetzt noch seine Freunde sind."

Aber eines Morgens nahm die Mutter ihren kleinen David auf den Schoß, drückte ihn und weinte. Als David sie trösten wollte, lächelte sie. „Nein, du brauchst mich nicht zu trösten!" sagte sie leise. „Jetzt muß ich vor Freude weinen!"

Und dann erzählt sie dem kleinen David, was geschehen war.

Jesus war nicht mehr tot. Gottes Sohn war stärker als der Tod gewesen. Er hatte den Tod besiegt. Er war auferstanden von den Toten. Viele Menschen hatten ihn schon gesehen.

Und gestern abend war Davids Mutter mit vielen Freunden zusammen gewesen. Sie hatten von Jesus erzählt. Manche wollten es nicht glauben, was geschehen war.

„Und dann?" fragte David atemlos.

„Da stand Jesus plötzlich mitten unter uns!" sagte die Mutter und drückte ihren Jungen wieder ganz fest an sich. „Daß du da nicht dabei sein konntest!" sagte sie. „David, wirklich, ich habe den auferstandenen Herrn gesehen. Und er ist Gottes Sohn!" „Ich habe ihn auch gesehen!" flüsterte David glücklich. „Damals, als er auf dem Esel durch die Straße ritt, da habe ich ihn gesehen. Und ich habe ihm mit einem Zweig zugewinkt!"

„Und er ist doch der König!“ sagte die Mutter. „Ein ganz anderer König, als die Leute damals dachten, als sie ihm zuwinkten!“ David nickt. „Ja, ein ganz anderer König! Aber alles andere hat gestimmt. Gott hat ihn wirklich zu uns geschickt!“ *Rolf Krenzer*

Im Text wird die Passionsgeschichte stark verkürzt aus der Sicht eines Kindes im Kindergartenalter erzählt. So ist ein Identifizieren mit dem kleinen David möglich. Stellen die Kinder nach der Erzählung weitere Fragen, kann die Passions- und Ostergeschichte nach der Bibel erzählt werden.

Für Kinder ist es besonders interessant, daß am Anfang und am Ende des Lebensweges Jesu etwas von einem Esel berichtet wird.

Um den Weihnachtsesel herum gibt es viele Geschichten, Bilderbücher und Lieder.

Der Esel spielt aber auch eine wichtige Rolle auf der Flucht nach Ägypten, was vielen Kindern auch durch die Legende Waggerls vom störrischen Esel, der am Ende Disteln fraß, bekannt ist.

Zum Palmsonntag ist der folgende Reim zum Volksgut geworden:

Das Eselein, das Eselein,
mit Ohren lang und Hufen klein,
das trug den Herrn zur Stadt hinein –
am Palmentag.

Zu dem folgenden ganz einfach erzählten Passions- und Osterlied ist ein Bilderbuch erschienen, das mit Bildern Strophe um Strophe das Lied nacherzählt (Echter, Würzburg).

Osterlied

Text: Rolf Krenzer Musik: Peter Janssens

Aus: CD „Tag für Tag, Jahr für Jahr“, Peter Janssens Verlag, 48291 Telgte 1995.

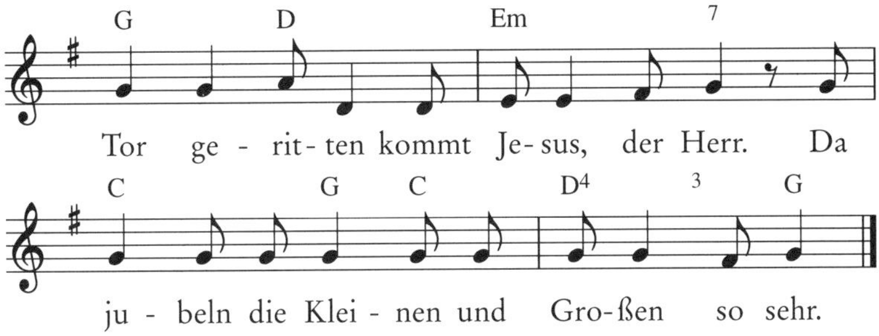

2. Zu Tisch geladen
hat Jesus, der Herr.
Da freun sich die Kleinen
und Großen so sehr.

3. Verkauft, verraten
wird Jesus, der Herr.
Da fürchten die Kleinen
und Großen sich sehr.

4. Am Kreuz gestorben
ist Jesus, der Herr.
Da weinen die Kleinen
und Großen so sehr.

5. Im Grab gelegen
hat Jesus, der Herr.
Da trauern die Kleinen
und Großen so sehr.

6. Doch auferstanden
ist Jesus, der Herr.
Da weinen die Kleinen
und Großen nicht mehr.

7. Und immer bei uns
ist Jesus, der Herr.
Da freun sich die Kleinen
und Großen noch mehr.

8. Ja, immer bei uns
ist Jesus, der Herr.
Drum feiern wir Ostern
und freun uns so sehr.

9. Die Osterkerze,
ja, zündet sie an,
weil jeder mit Jesus,
dem Herrn, leben kann.

Nur wenige Kinder werden die Feier der Osternacht miterleben können oder dürfen. Um aber allen etwas von der Osterfreude zu vermitteln, können wir sie am letzten Tag vor Ostern im Kindergarten mit einem kleinen Spiel und vielen Kerzen daran teilnehmen lassen.

Die kleinen Sprechtexte können in den Wochen vorher mit Hilfe der Geschichten von Jesu Leidenszeit erarbeitet werden.

Osterspiel mit Kerzen

Auf dem Tisch steht eine einzige brennende Kerze.

Erster Sprecher:	Gott schickte Jesus nach Jerusalem.
Zweiter Sprecher:	Er ritt auf einem Esel in die Stadt, und viele Menschen riefen ihm zu:
Alle:	Du bist unser König! Du bist unser König! Gott hat dich geschickt!

Dritter Sprecher: Jesus aß und trank mit seinen Freunden. Er sagte aber auch:
Vierter Sprecher: Ich werde bald sterben müssen. Einer von euch wird mich verraten.
Alle: Ich nicht! Ich nicht! Nein, ich nicht!
Fünfter Sprecher: In der Nacht betete Jesus zu Gott!
Vierter Sprecher: Vater! Was du willst, soll geschehen.
Sechster Sprecher: In der Nacht nahmen die Soldaten Jesus gefangen. Seine Freunde liefen davon. Sie hatten Angst.
Alle: Ich kenne diesen Jesus nicht.
Nein, wir kennen diesen Jesus nicht.
Siebter Sprecher: Sie quälten Jesus.
Sie schlugen ihn.
Achter Sprecher: Sie stellten ihn neben einen Verbrecher.
Dann fragten sie:
Neunter Sprecher: Sollen wir diesen Jesus freilassen?
Da riefen die Leute:
Alle: Ans Kreuz mit ihm! Ans Kreuz mit ihm!
Zehnter Sprecher: Sie hängten Jesus an das Kreuz.
Elfter Sprecher: Sie hängten Gottes Sohn an das Kreuz.
Vierter Sprecher: Vater, vergib ihnen! Sie wissen nicht, was sie tun.
Zwölfter Sprecher: So starb Jesus am Kreuz.

Einer geht ganz langsam zum Tisch und bläst die Kerze aus. Alle sitzen ganz still. Dann beginnen sie leise das Lied: „Als Jesus gestorben war“, zu singen, die erste und zweite Strophe. Ein Kind geht zum Tisch und zündet die Kerze wieder an, so daß sie hell strahlt.
Es sagt: Freut euch mit mir!
Jesus lebt! Er hat den Tod besiegt!

Jetzt geht jeder zum Tisch und erhält dort eine Kerze, die er an der bereits brennenden Kerze entzündet. Es werden immer mehr Kerzen. Dazu singen wir die dritte Strophe des begonnenen Liedes so lange, bis alle Kerzen angezündet sind.

Zum Schluß sagt der Spielleiter: „Jetzt können wir fröhlich Ostern feiern.“

Die Kinder gehen aufeinander zu, geben sich die Hände und wünschen sich frohe Ostern.

In gleicher Weise kann auch das Osterlied von Seite 150 eingesetzt werden.

6. Himmelfahrt – Pfingsten – Fronleichnam

Pfingsten – ein Fest für Kinder?

Der folgende Text macht deutlich, warum wir uns so schwer mit Pfingsten tun. Es ist kein Fest, um das sich wie bei Weihnachten und Ostern für Kinder freudig erwartete Bräuche gebildet haben. Pfingsten gibt es noch nicht einmal längere Schulferien.

Und doch ist gerade Pfingsten das Fest, ohne das es überhaupt keine Christen auf der Welt gäbe. Der Text regt erfahrungsgemäß zu weiteren Fragen an, die deshalb für Kinder interessant werden, weil sie im Text selbst auch von Kindern gestellt werden.

Wichtige Feste

Sandra und Thomas staunen: Ohne Pfingsten gäbe es keine christlichen Feste. – Sinn und Entfremdung christlicher Feste, äußere Erlebnisse und innere Zusammenhänge

Sandra und Thomas streiten sich über die wichtigsten Feste im Jahr. „Am allerwichtigsten ist Weihnachten!" sagt Sandra. „Schon wegen der Weihnachtsgeschenke."

„Geburtstag ist genauso wichtig!" ruft Thomas und denkt dabei daran, daß er nächste Woche Geburtstag hat. Der große Wunschzettel liegt bereits auf Papas Schreibtisch.

„Gut, Weihnachten und Geburtstag sind gleich wichtig!" stimmt Sandra zu.

„Und dann kommt Ostern!" sagt Thomas.

„Ja, Ostern ist auch ganz schön wichtig!" meint Sandra, denn die bunten Ostereier ißt sie ganz besonders gern.

Danach einigen sich die Kinder noch darauf, daß der Nikolaustag und das Martinsfest auch wichtige Feste sind. Besonders deshalb, weil sie mitten im Winter gefeiert werden und weil sie etwas Geheimnisvolles haben. Thomas erinnert sich auch an die schöne Laterne, die er für den Martinsumzug gebastelt hat.

„Erntedankfest!" schlägt Sandra noch vor.

„Ja, das ist auch ganz schön wichtig!" meint Thomas. „Aber nicht so wichtig wie Geburtstag, Weihnachten und Ostern."

„Und wie ist es mit Pfingsten?" fragt die Mutter, die aufmerksam ihren Kindern zugehört hat.

„Ja, Pfingsten ist eigentlich nicht so wichtig", stellt Thomas fest, nachdem er eine Weile nachgedacht hat.

„Nein, Pfingsten ist nicht so wichtig!" fügt Sandra hinzu. „Da gibt es noch nicht einmal lange Ferien!"

„Das stimmt!" sagt Thomas, der bereits zur Schule geht. „Die Osterferien und Weihnachtsferien sind viel länger!" *

Die Mutter lacht. Dann sagt sie: „Ohne Pfingsten gäbe es bei uns kein Weihnachten und kein Ostern. Wir würden keines eurer allerwichtigsten Feste feiern. Wir würden nicht einmal wissen, daß es diese Feste gibt."

Keine Weihnachtsgeschenke! Keine Ostereier!

* Hier könnte man beim Erzählen anhalten und mit den Kindern darüber sprechen, ob Pfingsten wichtig oder nicht wichtig ist. Danach den Text weiter anbieten. Gut geeignet auch für die Elternarbeit.
Aus R. Krenzer/Volker Fritz (Hrsg.): „100 einfache Texte zum Kirchenjahr." Kaufmann, Lahr/Kösel, München.

Was soll das mit Pfingsten zu tun haben?
Sandra und Thomas wundern sich nur.

„Pfingsten trafen sich die Freunde Jesu. Da schickte Gott sie in alle Welt, um allen Menschen von Jesus zu erzählen. Die Freunde nannten sich nach ihrem Herrn Jesus Christus. Sie nannten sich Christen. Sie erzählten überall von Jesus. Sie erzählten, daß er in einem Stall geboren wurde und später am Kreuz sterben mußte und daß er der König der Welt ist."

„Deshalb gibt es Weihnachten und Ostern bei uns?" fragt Thomas mit großen Augen.

„Ja!" lacht die Mutter. „Seitdem gibt es viele Menschen auf der Welt, die Christen heißen, bei uns, in Italien, in Schweden, in Amerika, in Afrika, in Australien, in Asien ... überall auf der Welt!"

Jetzt fragt Sandra: „Woran erkennt man denn, daß sie Christen sind?"

„Sie sind getauft", sagt die Mutter. „Sie gehen zur Kirche, sie feiern all die christlichen Feste, die an Jesus Christus erinnern, zum Beispiel Weihnachten und Ostern."

„Und ohne Pfingsten gäbe es bei uns kein Weihnachten und kein Ostern?" fragt Sandra noch einmal.

Als die Mutter nickt, meint sie: „Dann ist Pfingsten doch ein ganz schön wichtiges Fest!"

„Ja, Pfingsten hat alles einmal angefangen!" sagt die Mutter. „Die Freunde Jesu zogen in die Welt hinaus und erzählten von ihrem Herrn."

Rolf Krenzer

Die Pfingstgeschichte bildet auch die Grundlage zu dem folgenden Lied.

Wenn unsere Kirche Geburtstag hat

Text: Rolf Krenzer Musik: Peter Janssens

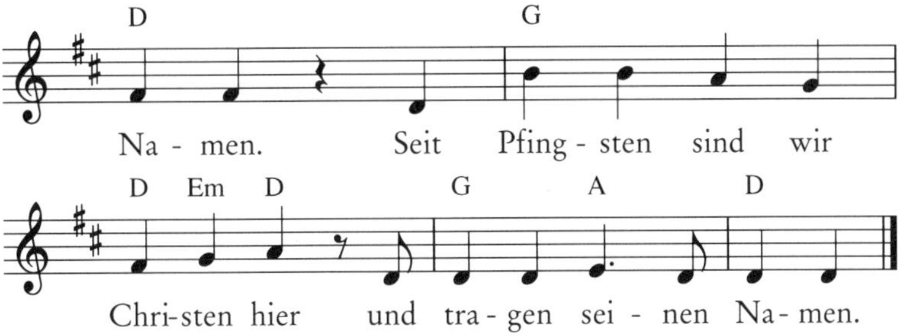

2. Weil Jesus der Christus und König ist
im Himmel und auf Erden,
gibt's Christen in der ganzen Welt,
die mit ihm leben werden.

3. Der Heilige Geist wird stets bei uns sein
von Pfingsten an bis heute
und morgen und in Ewigkeit.
Das ist der Grund der Freude.

4. Weil unsere Kirche Geburtstag hat,
drum feiern wir zusammen.
Seit Pfingsten sind wir Christen hier
und tragen seinen Namen.

Hierzu eignen sich auch die „Ersten Arbeitsblätter Religion: Das Kirchenjahr". Kaufmann, Lahr/Kösel, München. Besonders bekannte Weihnachtslieder gibt es in vielen Sprachen auf Schallplatten.

Pfingsten als Geburtstag der Kirche steht im Mittelpunkt. Jesus Christus ist bei Gott, unserem Vater. Im Lied wird auch erklärt, was es für uns heißt, Christen zu sein, und warum Christen froh sein dürfen.

Wir können Bilder und Postkarten von verschiedenen Kirchen in den verschiedenen Ländern der Erde betrachten.

Wir hören uns christliche Lieder aus anderen Ländern in anderen Sprachen an. Manche Lieder erkennen wir an ihrer Melodie wieder. So loben und danken Gott Menschen in vielen Ländern in ihrer eigenen Sprache.

Christen gehen gut miteinander um. Christen tragen ihren Namen nach ihrem Herrn Jesus Christus seit ihrer Taufe. Ostern haben Menschen durch Jesus erlebt, daß Gott das Leiden überwindet. Pfingsten bricht die Begeisterung über den auferstandenen und zu Gott aufgenommenen Christus auf. So werden Türen geöffnet und trennende Mauern zwischen Menschen niedergerissen. Seit Pfingsten stehen Menschen aber auch in Verantwortung dem anderen Menschen gegenüber, weil Gott jeden einzelnen Menschen im unverstandenen Leiden, aber auch im eigenen Versagen ernst nimmt und zu ihm hält.

Das Wissen darum, daß man sich auf Gott verlassen kann, gibt immer wieder neuen Mut für das eigene Leben.

Christen unterscheiden sich von anderen Menschen durch ihren Glauben an Jesus Christus. Es gibt katholische und evangelische Kinder. Andere Kinder sind Moslems, Buddhisten, Hindus. Das richtet sich danach, welche Religionszugehörigkeit ihre Eltern haben. Viele Eltern sind auch aus der Kirche ausgetreten.

In dem folgenden Lied berichten wir davon, was Pfingsten geschah und warum wir uns Christen nennen.

Aus MC und Liedheft: „Die Erde ist ein großer Tisch.“ Abakus-Verlag, 35753 Greifenstein.

Pfingstlied

Text: Rolf Krenzer Musik: Siegfried Fietz

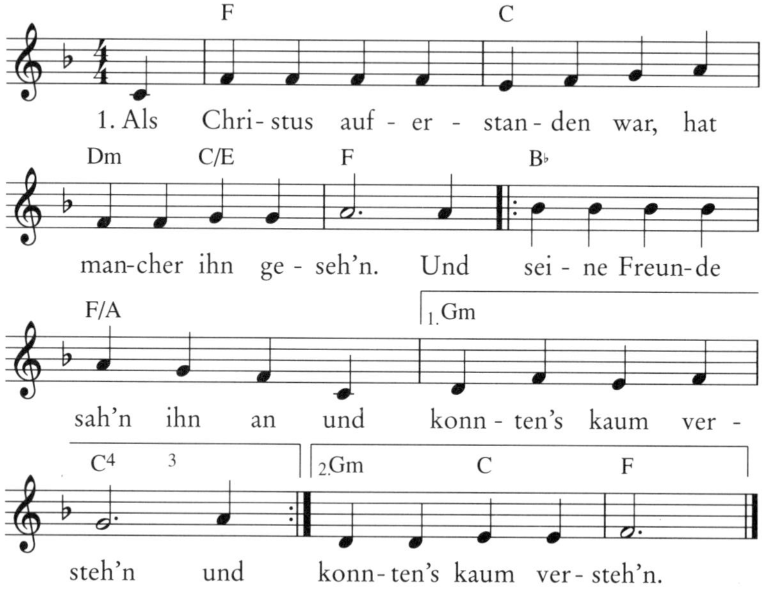

2. Als Christus auferstanden war,
besiegte er den Tod.
Und zu den Freunden sagte er:
„Ich gehe jetzt zu Gott!
Ich gehe jetzt zu Gott!“

3. Er machte seinen Freunden Mut,
daß sie ihm stets vertraun.
„Ich geh' zu Gott!“ so sagte er.
„Und ihr könnt auf mich baun,
und ihr könnt auf mich baun!“

4. Ich werde immer bei euch sein,
   könnt ihr mich auch nicht sehn.
   Ich bin bei Gott! Das werdet ihr
   auch nach und nach verstehn,
   auch nach und nach verstehn!"

5. Noch ahnten seine Freunde nicht,
   was dann mit ihm geschah.
   Sie sahn sich um und suchten ihn,
   doch er war nicht mehr da,
   doch er war nicht mehr da.

6. Sie lernten Jesus nach und nach
   mit ihrem Herzen sehn.
   Und Gottes Geist kam über sie,
   daß sie es auch verstehn,
   daß sie es auch verstehn.

7. Seit Pfingsten weiß ein jeder Christ,
   was Gott verspricht und hält,
   und Gottes frohe Botschaft geht
   seitdem in alle Welt,
   seitdem in alle Welt.

Geschichten aus der Bibel

Die Angebote, die hier vorgelegt werden, können nur einen kleinen Teil der Geschichten aus dem Alten und Neuen Testament vorstellen. Sie sind als Anregungen gedacht, auf welche Weise man Möglichkeiten zum Erleben und Erfahren weiterer Texte findet. Immer werden Gespräch, Spiel, Text und Lied ganz besonders im Mittelpunkt stehen, weil sie eine sehr hohe Erlebnischance bieten.

1. Gott ist der Schöpfer aller Dinge

Eine weitere Vertiefung und Darstellungsmöglichkeit zu der Einheit „Gottes Schöpfung" findet man auf den Seiten 95–103.

Die Schöpfungsgeschichte läßt sich konkret erleben und erfahren, wenn es gelingt, das Kind auf all die Dinge aufmerksam zu machen, die es täglich um sich sieht. Alle Tiere, auch die allerkleinsten, sind Geschöpfe Gottes. Wir tragen die Verantwortung dafür, daß diese Geschöpfe ihr Leben so leben dürfen, wie es ihnen von Gott bestimmt ist. Das gilt auch für Pflanzen, für die Flüsse, das Meer usw. Wir tragen Verantwortung für alles. Gott will nicht, daß wir seine Schöpfung quälen oder gar vernichten. Er will, daß wir sie erhalten und uns an ihr erfreuen.

Die Schöpfungsgeschichte läßt sich in einfachen Worten nacherzählen. Sie wird dem Kind im Kindergarten noch deutlicher, wenn es an die Schöpfung Gottes direkt herangeführt wird und erlebt, in welcher Weise Gott alles wunderbar geordnet hat.

Anregungen

Besuch auf einem Bauernhof: Tiere kennenlernen, sie anfassen, sie füttern. - Zusehen, wie eine Kuh gemolken wird. – Eier aus dem Hühnernest holen. – Tiere als Nutztiere für den Menschen erfahren (Kuh – Milch – Butter).

Spaziergänge durch den Wald. – Besuch eines Wildparks/Wildgeheges, zusehen bei der Tierfütterung. – Tierspuren im Schnee entdecken. – Wenn wir mit dem Förster zur Wildfütterung gehen, erfahren wir auch, daß der Mensch für die Erhaltung der Tierwelt verantwortlich ist.

Wir erleben diese Verantwortung ganz besonders bei unseren Haustieren, Tiere, die uns anvertraut sind und für die wir zu sorgen haben. Wichtig ist zu erfahren, daß wir uns aus einer selbstgewollten Verantwortung nicht herausstehlen können.

Aber auch die kleinen und winzigen Tiere können Anlaß des Staunens sein, wie wunderbar sie von ihrem Schöpfer geschaffen wurden: Die Fliege auf dem Frühstückstisch – Ameisen auf einem Waldpfad – eine Biene auf einer Blüte – ein Schmetterling – die Spinne in ihrem Netz – Regenwürmer im Gartenbeet usw. Viele Lieder erzählen von Tieren und lassen sich in einfacher Weise in ein Kreisspiel umsetzen.

Schmetterlingslied

Text: Rolf Krenzer Musik: Ludger Edelkötter

2. Einmal wird die Raupe
satt und müde sein,
spinnt sich ein im Häuschen
und schläft darin ein.

3. Aus der fetten Raupe,
klein und so gering,
wird, wenn sie erwacht, ein
bunter Schmetterling.

4. Fliege, kleiner Falter!
Du bist wunderschön!
Alle steh'n und staunen,
wenn sie dich jetzt seh'n.

5. Ich breit' beide Arme
weit, so weit jetzt aus.
Seht nur her, ich fliege
in die Welt hinaus.

6. Seid behutsam, Leute,
rührt mich ja nicht an.
Gott will, daß ein jedes Tier
sein Leben leben kann.

7. Ist das nicht ein Wunder?
Freut euch mit daran.
Ja, Gott will, daß ein jedes Tier
sein Leben leben kann.

Rolf Krenzer

Im Kreis stellt einer zuerst die Raupe dar. Sie kriecht zu unserem Lied ganz langsam auf dem Bauch im Kreis herum.

In der zweiten Strophe zieht sie sich zusammen und schläft. Zur dritten Strophe verwandelt sich die Raupe in einen Schmetterling. Der Spieler richtet sich langsam auf, breitet seine Arme weit aus und fliegt dann zur vierten Strophe im Kreis herum. Dann sind wir alle Schmetterlinge und fliegen mit.

Spielmöglichkeiten ergeben sich auch, wenn wir farbiges Kreppapier oder bunte Seidenstoffe oder Tücher einsetzen.

Aus: „Ich gebe Dir die Hände“,

Weitere Tierlieder in den beiden Sammlungen „Ich freu' mich, daß du da bist“ und „Gut, daß es dich gibt“, beide Verlag Herder, Freiburg.

Kleiner Käfer

Text: Rolf Krenzer Musik: Ludger Edelkötter

Der „kleine Käfer“ hockt mitten im Kreis. Wir gehen ganz langsam von allen Seiten auf ihn zu und singen. Der kleine Käfer pumpt und pumpt. Dann breitet er die Flügel aus und fliegt um uns herum. Anschließend darf ein anderer den kleinen Käfer spielen.

Wir können uns auch alle auf den Boden hocken, pumpen und mit weit ausgebreiteten Flügeln davonfliegen. Wir fliegen aneinander vorbei, ohne anzustoßen. Danach hocken wir uns wieder hin, um zu dem Lied erneut wieder zunächst zu pumpen und dann loszufliegen.

Auch die Pflanzen sind Gottes Geschöpfe. Auch sie sind auf unsere Hilfe angewiesen. Wir gießen sie im Kindergarten, sehen zu, wie aus der Erde Pflanzen wachsen.

Wir erleben, daß Pflanzen und Blumen viel länger leben und schöner sind, wenn sie im Garten, auf der Wiese stehen bleiben dürfen und nicht abgepflückt und später weggeworfen werden.

Eine tote weggeworfene Blume, die wir finden, kann Anlaß sein, uns andere Blumen im Garten oder auf der Wiese zu betrachten: Blumen, die nicht abgerissen wurden, sondern dort weiterleben. Aber auch die Früchte, die uns Gott schenkt, erleben wir. Wir nehmen dankbar das Obst, das Gemüse, das Korn für unser tägliches Essen und bringen beim Tischgebet und zum Erntedankfest Gott unseren Dank dafür dar.

Wir danken für alles, was Gott uns schenkt und geben uns Mühe, alles so zu bewahren und zu beschützen, wie Gott es von uns erwartet.

Hierher gehört auch das Lied vom Baum:

Mein Baum
Kanon und Rundgesang

Text: Rolf Krenzer Melodie: Siegfried Fietz

Rechte bei: Abakus Schallplatten und Ulmtal Musikverlag, 35753 Greifenstein

2. Dem Baum darf nichts geschehn.
   Er gibt uns Schutz und Halt.
   So viele große Bäume stehn
   bei uns in unserm Wald.

Ein weiteres Spiellied mit dem Titel: „Du alter Baum“ ist auf der MC und im Liedheft: „Hast du etwas Zeit für mich?“ enthalten (Impulse-Musikverlag, 48309 Drensteinfurt).

Wir machen uns ganz klein und zeigen mit unseren Händen den kleinen Baum. Dann wachsen wir und werden immer größer. Wir strecken die Arme wie Äste weit nach oben. Zwei Spieler (oder zwei Gruppen) stehen sich gegenüber. Zuerst sind wir ganz klein. Dann strecken wir uns und werden immer größer. Wir wachsen auf zu einem hohen Baum. Das wird besonders reizvoll, wenn dazu der Kanon in zwei und auch vier Gruppen gesungen wird.

oder:

Einer stellt den Baum dar. Er steht mitten im Kreis.

Zu den Strophen gehen wir im Kreis langsam um ihn herum. Beim Refrain gehen wir auf ihn zu, drücken ihn, streicheln ihn, grüßen ihn, gießen ihn usw.

Steine und Sand, der Regen, die Sonne, Berge und Wälder,
alles hat Gott für uns geschaffen.

Wir erleben etwas von der Schönheit dieser Schöpfung, wenn wir im Sand spielen, baden, uns von der Sonne wärmen lassen, durch den Schnee stapfen.

Diese Erlebnisse werden bewußt gemacht, wenn wir gemeinsam

darüber sprechen, wenn wir Gott für all das danken, was er uns mit seiner Schöpfung geschenkt hat.

Das kann mit den Worten des 104. Psalms geschehen, ebenso mit gebundenen und freien Gebeten.

Gebet

Sprachlich sehr einfache Fassung in dem Gebetbuch: „Halte zu mir heute, guter Gott", Lahn-Verlag, Limburg. Auf der gleichnamigen LP und MC hat Ludger Edelkötter eine sehr überzeugende Vertonung gestaltet (Impulse-Musikverlag, 48309 Drensteinfurt und Lahn-Verlag, Limburg).

Du schufst die Welt,
das Meer und das Land.
Wir loben dich!
Du schufst die Berge,
die Sterne, den Sand.
Wir preisen dich!
Du schufst die Blumen
und Tiere im Land.
Wir danken dir.
Du schufst auch uns,
und du reichst uns die Hand.
Wir folgen dir! Amen.

Rolf Krenzer

Im Lied kann sich das Kind mit dem Text identifizieren und mitsingen und Gott für all das danken, wovon es singt, weil es seiner direkten Erlebniswelt entspricht.

Ich freu' mich, daß die Sonne lacht

Text: Rolf Krenzer Musik: Ludger Edelkötter

2. Ich freu' mich, wenn die Blumen blüh'n.
Sie leuchten in dem frischen Grün.
Willst du die schönen Blumen seh'n?
Ich zeig' dir, wo sie stehn.

3. Ich freu' mich, daß ein Vogel singt
und über mir sein Lied erklingt.
Ich pfeife fröhlich mit, und du,
du summst ganz leis' dazu.

4. Ich freu' mich, daß im Sonnenschein
das Wasser lädt zum Baden ein.
Wir spritzen uns ein bißchen naß
und haben unsern Spaß.

5. Ich freu' mich, daß man Erdbeer'n dann
in unserm Garten pflücken kann.
Und wenn du Lust auf Erdbeer'n hast,
bist du heut' unser Gast.

6. Ich freu' mich, wenn ein Käfer brummt
und eine Biene lustig summt.
Ich freu' mich über diesen Tag
und weil ich dich so mag.

7. So will ich für den Sonnenschein
von Herzen froh und dankbar sein.
Ich freu' mich, daß die Sonne lacht
und alle fröhlich macht.

Ein Musikspiel zum Mitmachen

Lied- und Spielheft/MC mit dem Titel: „Solange die Erde lebt“, im Menschenkinder Verlag, 48157 Münster. Darin hat Detlev Jöcker auch das folgende Spiel von Noah als Spiellied vertont.

In der direkten Begegnung, auf Bildern und Fotos, in Geschichten und Liedern und im Spiel wird dem Kind bewußt gemacht, was alles zu Gottes Schöpfung gehört, daß Menschen, Tiere und Pflanzen Teile dieser Schöpfung sind. Dem Kind soll ebenso bewußt werden, daß Gott diese seine Schöpfung schützt und erhält und daß Gott unser Vater ist, wir seine Kinder, seine Geschöpfe.

Gott hält an dem Bund fest, den er einmal mit den Menschen geschlossen hat. Als Zeichen dieses Bundes steht immer wieder der Regenbogen am Himmel.

2. Noah und die große Flut

Die Geschichte von Noah im Spiel nachvollziehen

Weil die Menschen sich von Gott abgewendet haben und seine Schöpfung zerstören, will Gott die Welt vernichten. Sie soll von gewaltigen Flutmassen überspült werden.

Nur ein Mensch hört auf das, was Gott von ihm will. Er heißt Noah. Noah und seine Familie will Gott retten, wenn er die große Flut über die Erde schicken wird.

Noah soll ein großes Schiff bauen. Ein Schiff, so groß, daß alle Menschen und Tiere, die Gott retten will, darin unterkommen können.

Spiel: Noah und die große Flut

Spiel

Erzähler: Noah berichtet, daß Gott eine große Flut über die Welt schicken wird. Er fordert auf, die Arche zu bauen.

Noah: Gott sprach: Die Welt ist nicht mehr gut!
Drum schickt er eine große Flut.
Doch die, die Gott vertrauen,
sollen ein Schiff jetzt bauen!
Helft alle mit! Packt alle an!
Dann geht die Arbeit gut voran.

Ein Mann: Ein Schiff hier mitten auf dem Land?

Eine Frau: Der Noah ist ja hirnverbrannt!
Ein Mann: Wenn du das willst, so baue nur!
Ich habe Wichtigeres zu tun!
Noah: Oh seht, so lassen sie mich stehen!
Doch was Gott sagt, wird auch geschehen.
Noahs Söhne kommen und sagen:
Wir wollen mit dir Gott vertrauen.
Drum helfen wir, das Schiff zu bauen.
Wir helfen mit und packen an.
Dann geht die Arbeit gut voran.

Das große Schiff kann im Kreis gebaut werden. Ein Teil des Spielkreises kann Noahs Schiff darstellen. Dabei fassen sich viele Mitspieler an den Händen und bilden so das Schiff, das später, wenn es über das Wasser fährt, auch entsprechende Bewegungen macht. Es kann auch als Ellipse auf den Boden gezeichnet oder mit einem Seil gelegt werden. Wir haben das Schiff auch aus vielen Tischen, Pappkartons, Stühlen und Decken gebaut. Kindern macht es viel Spaß, in die Arche hineinzukriechen und später aus einem zweiten Ausgang wieder hinaus. Dann können ganz viele Tiere einziehen, mehr Tiere als Mitspieler, so daß jeder Mitspieler die unterschiedlichsten Tiere darstellen kann.

Noah: Seht her, hier ist das Schiff gebaut!
Herbei, ihr Leute! Kommt und schaut!
Die große Flut kommt heute!
Beeilt euch sehr, ihr Leute!
Steigt in das Schiff hinein!
Ihr werdet sicher sein!

Die Leute kommen hinzu, sehen sich das Schiff an und lachen Noah aus. Dann gehen sie davon.

Einer der Söhne, der mitgeholfen hat:
Die Leute aber lachen,
weil sie sich nichts d'raus machen.

Zweiter Sohn: Sie lachen unsern Vater aus
und gehen schnell nach Haus!

Noah: Seht nur, die Tiere kommen!
Sie werden aufgenommen!
Kommt her! Ich lad' euch alle ein!
Kommt in das Schiff hinein!

Jeweils zwei Spieler stellen ein Tierpaar dar. Die Tiere können pantomimisch dargestellt werden. Es können aber auch entsprechende Requisiten und Kostümandeutungen von allen gemeinsam hierfür ausgearbeitet werden, z. B. ein Rüssel für den Elefanten, Pappohren für die Hasen, Ringelschwänzchen für die Schweine usw. Jeder darf ein Tier spielen. Da

gibt es Löwen und Bären, Hunde und Katzen, Mäuse und Zebras, Schnecken und Frösche. Noah führt sie alle in das Schiff hinein.

Das Lied, zu dem die Tiere in die Arche kommen, ist so einfach konzipiert, daß jedes von den Kindern gewünschte Tier auch in den Text eingesetzt werden kann, so daß sein Einzug mit dem Singen der entsprechenden Strophe begleitet wird.

Es gibt aber auch Schwierigkeiten. Dann unterbrechen wir das Lied und besprechen mit dem Spieler, was geschehen soll.

Beispiele: Darf der Holzwurm auch in das Schiff? Was passiert, wenn er die Holzwände zerstört, wenn er Löcher in das Holz bohrt? Dann wird am Ende das Schiff mit den vielen Menschen und Tieren doch untergehen. (Wie wäre es, wenn der Holzwurm ein extra dickes Brett zusätzlich bekäme, an dem er ewig lang herumbohren müßte. Oder wir setzen ihn auf den Panzer der Schildkröte. Da kann er bohren und bohren. Den Panzer bringt er nicht kaputt.)

Wie ist das mit den kleinen Tieren? Werden sie nicht von den großen Tieren am Ende totgetreten? (Da gibt es Plätze für die kleinen Tiere, die sie davor schützen, auch unabsichtlich von den großen getreten zu werden.)

Aber was passiert, wenn die Löwen die Schweine sehen und die Katzen die Mäuse? Die stürzen sich doch sofort darauf! (Wenn sie von Gott in die Arche eingeladen werden, wird keiner dem anderen etwas zuleide tun.)

Und wie ist das mit den Läusen und Flöhen? Das ist doch Ungeziefer. Wenn die hereinkommen, ist am Ende die ganze Mannschaft verlaust. (So sind wir Menschen. Wir entscheiden, wer überleben darf, wer würdig ist oder nicht. Aber das ist nicht unsere Sache, sondern die Sache Gottes. Deshalb dürfen alle hinein, die schwarzen Schafe, die Ratten, die Schlangen, die Skorpione und die Spinnen.)

Die Tiere kommen

Text: Rolf Krenzer Musik: Peter Janssens

Zu diesem Lied hat Heinrich Euler das Bilderbuch „Noah und die große Flut" gestaltet, das sich bereits an die Allerjüngsten wendet (Verlag Echter, Würzburg 1994).

2. Die fetten Schweine kommen,
sie werden aufgenommen. Und Noah lädt sie alle ein:
Kommt in das Schiff hinein!

3. Panther und Tiger kommen,
sie werden aufgenommen. Und Noah lädt sie alle ein:
Kommt in das Schiff hinein!

4. Und die Kamele kommen,
sie werden aufgenommen. Und Noah lädt sie alle ein:
Kommt in das Schiff hinein!

5. Und auch die Kühe kommen …
Hund und Katzen kommen …
Die kleinen Mäuse kommen …
Die Schmetterlinge kommen …
Die kleinen Käfer kommen …
Die schwarzen Spinne kommen …
Die Stubenfliegen kommen …
usw.

Wenn alle Tiere in der Arche sind, geht Noah selbst in die Arche hinein und schließt die Tür.

Noah: Was Gott so wollte, ist getan!
O weh, es fängt zu regnen an!
Es regnet immer mehr
aus Wolken schwarz und schwer.
Es regnet heut' und morgen.
Im Schiff sind wir geborgen.
Wir schaukeln hin und her
und fahren über's Meer.

Dann beginnt das Schiff zu schaukeln. Dazu singen wir das Schiffschaukel-Schaukelschiff-Lied.

Schiffschaukel-Schaukelschiff-Lied Text: Rolf Krenzer Musik: Peter Janssens

2. Wenn der Schiffschaukel-
Schaukelschiff-
Schaukelhund
auch mit der Arche reist,
muß er einsichtig,
umsichtig,
vorsichtig sein,
damit er keinen beißt. Refrain.

3. Wenn der Schiffschaukel-
Schaukelschiff-
Schaukelbär
auch in der Arche ist,
muß er einsichtig,
umsichtig,
vorsichtig sein,
damit er keinen frißt. Refrain

4. Wenn der Schiffschaukel-
Schaukelschiff-
Schaukeligel
auch ’nen Platz dort kriegt,
muß er einsichtig,
umsichtig,
vorsichtig sein,
damit er keinen piekt. Refrain

5. Auch der Schiffschaukel-
Schaukelschiff-
Schaukelfloh
übt überall Verzicht.
Er muß einsichtig,
umsichtig,
vorsichtig sein,
damit er keinen sticht. Refrain

6. Wenn dem Schiffschaukel-
Schaukelschiff-
Schaukelmensch
das Überleben glückt,
ist er einsichtig,
umsichtig,
vorsichtig. So
wird keiner unterdrückt. Refrain

7. Daß der Schiffschaukel-
Schaukelschiff-
Schaukelmaus
am Ende nichts passiert,
mußt du einsichtig,
umsichtig,
vorsichtig sein.
Dann klappt das garantiert. Refrain

Refrain: Aufpassen, aufpassen, aufpassen,
einer muß den andern leben lassen.
Achtgeben, achtgeben, achtgeben,
alle wollen überleben.

Zu dem Lied können alle in der Arche herumgehen, durcheinander, vorwärts, rückwärts, auf dem Bauch kriechen, krabbeln, auf allen Vieren laufen, springen, schleichen usw., aber jeder muß aufpassen, daß er nicht an den anderen stößt, damit keiner hinfällt. Wenn wir ganz dicht beieinander hocken, kann man versuchen, übereinander zu klettern, zu krabbeln, zu kriechen, ohne dem anderen weh zu tun.

Spielleiter: Viele Tage und Wochen trieb das Schiff über das Meer. Aber jetzt setzt es auf Grund auf. Im Schiff gibt es einen kleinen Ruck.
Noah: Seht nur: Vorüber ist die Flut!
Dankt Gott, denn jetzt wird alles gut!

Spielleiter: Noah schickt einen Vogel aus. Er soll erkunden, ob die Erde wieder trocken ist.

Dazu können wir das Lied „Vogel, fliege deine Runden" (Seite 109) mit folgendem Text singen!

Vogel, fliege deine Runden.
Fliege los und künde an,
ob das Wasser ist verschwunden,
ob das Land uns tragen kann.

Der Vogel fliegt mit weit ausgebreiteten Armen langsam herum. Er kann auch von einem Erzieher auf dem Rücken getragen werden.

Spielleiter: Da kommt der Vogel zurück. Er ist müde.

Nein, es ist noch überall Wasser. Der Vogel hat sich nirgends ausruhen können. Nach einer Weile schickt Noah wieder einen Vogel aus, diesmal eine Taube.

Wieder fliegt der Vogel zu unserem Lied los.

Spielleiter: Nein, die Taube kommt auch wieder zurück! Das Land ist noch nicht trocken. Wieder warten Mensch und Tier. Aber dann schickt Noah die Taube noch einmal los.

Zu dem Lied fliegt die Taube wieder und kehrt mit einem grünen Zweig in der Hand zurück.

Noah: Seht nur, Gott schenkt uns neues Leben.
Er hat die Welt zurückgegeben.
Er läßt es wachsen und gedeihn.
Wir wolln ihm immer dankbar sein!

Noah öffnet die Tür, und die Tiere verlassen nach und nach die Arche. Hierzu kann wieder das Lied eingesetzt werden, das beim Einzug der Tiere in die Arche gesungen wurde. Diesmal mit folgendem Text:

Kommt heraus, kommt heraus!
Kind und Käfer, Mann und Maus!
Kommt heraus! Kommt heraus!
Steigt aus Noahs Arche.

Die Elefanten gehen.
Ihr könnt sie alle sehen.
Sie laufen in die Welt hinaus
und bauen sich ihr Haus.

Die kleinen Mäuse gehen ...
Die braunen Bären gehen ...
Die langsamen Schnecken gehen (kriechen) ... usw.

Spielleiter: Jetzt steigt auch Noah mit seiner Familie aus. Sie loben und danken Gott, daß er sie beschützt hat. Noch sind die Regenwolken zu sehen. Aber schon scheint auch die Sonne. Und dort, dort spannt sich mit vielen Farben ein Regenbogen über das Land. Das ist wie eine Brücke. Sie sagt uns: Gott verspricht, daß niemals wieder eine solche Flut kommt. Nie wieder wird so etwas Schreckliches geschehen. Immer werden wir, wenn nach dem Regen die Sonne wieder hervorkommt, diese Brücke sehen. Diesen wunderschönen Regenbogen.

Wir können mit Buntpapier, mit bunten Tüchern, mit Kreppapier einen bunten Regenbogen legen, aufhängen, anstecken usw. Wir können auch alle zusammen einen ganz großen Regenbogen malen. Und wir können unter dem Regenbogen tanzen, im Reigen gehen, spielen und singen.

Kommt, wir malen einen Regenbogen

Text: Rolf Krenzer Musik: Peter Janssens

Die Lieder „Die Tiere kommen", Das Schiffschaukel-Schaukelschiff-Lied" und „Kommt, wir malen einen Regenbogen" sind dem großen Musikspiel zum Mitmachen „Noah unterm Regenbogen" entnommen, das als LP, MC, Spielheft und Klavierauszug im Peter Janssens Musik Verlag, 48291 Telgte, erschienen ist (1984). Rechte im Peter Janssens Musik Verlag.

2. Schaut, es zeigt der bunte Regenbogen über uns're Welt, daß uns Gott mit diesem Regenbogen seinen Bund erhält.
3. Seht, es zieht ein bunter Regenbogen wieder über's Land, und wir stehen unterm Regenbogen fröhlich Hand in Hand.
4. Seht, es zieht ein bunter Regenbogen wieder über's Land, und wir singen unterm Regenbogen fröhlich Hand in Hand.
5. Seht, es zieht ein bunter Regenbogen wieder über's Land, und wir tanzen unterm Regenbogen fröhlich Hand in Hand.
6. Seht, es zieht ein bunter Regenbogen wieder über's Land, und wir gehen unterm Regenbogen fröhlich Hand in Hand.

Für das Spiel mit Stabpuppen oder Pappfiguren können die einzelnen Tiere aus Pappkarton ausgeschnitten, bemalt oder mit Buntpapier beklebt werden. Für ein Schattenspiel werden die Figuren zunächst aus Karton ausgeschnitten, zusätzlich noch Besonderheiten (Augen, Panzer, Schuppen, Flügel), und dann mit farbigem Transparentpapier hinterklebt. So bleiben beispielsweise nur die Umrisse des Bären (dahinter braunes Transparentpapier) oder der Schmetterling (dahinter farbiges Transparentpapier). Wenn diese farbigen Tiere dicht vor die Leinwand gehalten und von hinten angestrahlt werden, gibt das dem Schattenspiel ein sehr farbenfrohes Aussehen. Mit dem Tageslichtprojektor oder dem Diaprojektor können wir zum Schluß auch einen bunten Regenbogen erscheinen lassen (auf Diaglas mit bunten Transparentfarben den Regenbogen malen, ebenso auf die Folie des Tageslichtprojektors). Beide können als Lichtquelle für unser Schattenspiel eingesetzt werden.

Kreisspiel: Wer kommt alles mit in die Arche

Kreisspiel

Wir sitzen im Kreis, und einer in der Runde beginnt: „Der gute alte Noah nimmt den Esel ‚I-ah' mit in die Arche." Dabei ahmt das Kind die Laute des Esels nach. Das Kind rechts neben ihm fährt fort: „Der gute alte Noah nimmt den Esel ‚I-ah' und das Schwein ‚Nöff-nöff' mit in die Arche." Das Kind imitiert den Esel und das Schwein. Ein drittes Kind sagt: „Der gute alte Noah nimmt den Esel ‚I-ah' und das Schwein ‚Nöff-nöff' und den Vogel mit in die Arche." Es ahmt das Fliegen des Vogels nach. Und so weiter, z. B.: das Häschen (Hasenohren). Jedes Kind kann für sich alles imitieren. Es können aber auch alle beim Aufzählen mitmachen, z. B. das Piepsen der Maus, das Quaken des Frosches, das Wiehern des Pferdes ...

So geht es immer weiter reihum. Jedes Kind wiederholt die Tiere, die bisher genannt wurden, und alle fügen die dazugehörigen Laute oder Geräusche hinzu.

Zum Schluß: Jetzt geht der alte Noah selbst in die Arche und schlägt die Tür hinter sich zu. Rumbum. Dazu dürfen wir einmal einen ganz lauten Schlag tun oder ganz fest mit dem Fuß aufstampfen.

3. Die Josefsgeschichte

Gerade die Geschichte von Josef läßt sich in vielen Szenen in ein Rollenspiel umsetzen. Hier geht es darum, im Spiel erleben zu lassen, daß Gott Josef nicht im Stich läßt, selbst wenn es im Augenblick noch so traurig für ihn aussieht.

Mögliche Spielszenen

- Die Brüder ärgern sich über Josef, weil er von seinem Vater vorgezogen wird. Sie beschließen, sich an ihm zu rächen. Sie wollen ihn töten, werfen ihn dann aber in einen Brunnen. Als eine Karawane aus Ägypten kommt, verkaufen sie ihn als Sklaven. Dem Vater sagen sie, ein wildes Tier habe ihn getötet.

- Später herrscht im Land Hungersnot. Da ziehen die Brüder nach Ägypten. Sie erkennen ihren Bruder nicht, der in Ägypten zu einem mächtigen Herrn emporgestiegen ist. Josef gibt ihnen Korn und Brot, verdächtigt sie aber des Diebstahls (Becher im Sack Benjamins). Da tritt der älteste Bruder für den Jüngsten ein, und Josef gibt sich zu erkennen und vergibt seinen Brüdern. Sie holen den Vater nach Ägypten und leben fortan versöhnt mit ihrem Bruder zusammen.

„Josef zwischen Wohlstaat und Armewelt“, MC, Spielheft und Klavierauszug. Rechte im Peter Janssens Musik Verlag, 48291 Telgte.

In dem Musikspiel: „Josef zwischen Wohlstaat und Armenwelt“ werden die einzelnen Szenen in einfachen Spielliedern dargestellt, die erfahrungsgemäß sogleich aufgenommen und in ein Rollenspiel umgesetzt werden. Aus dem gleichen Spiel stammt das folgende Lied, das die wichtigsten Stationen zusammenfaßt und die ganze Geschichte vertiefend vorstellt. Ein Lied, das immer wieder an die einzelnen Stationen erinnert und deutlich macht, daß dies nur so geschehen konnte, weil Josef unter dem Schutz des allmächtigen Gottes stand.

Gott schützt Josef wunderbar Text: Rolf Krenzer Musik: Peter Janssens

aus: „Josef zwischen Wohlstaat und Armewelt“, MC, Spielheft und Klavierauszug. Rechte im Peter Janssens Musik Verlag, 48291 Telgte.

2. Der Josef hat viel mitgemacht,
verkauft, ins fremde Land gebracht.
Der Josef hat viel mitgemacht,
ins fremde Land gebracht.

3. Man sperrt ihn ins Gefängnis ein,
doch Gott ließ niemals ihn allein.
Man sperrt ihn ins Gefängnis ein,
Gott ließ ihn nicht allein.

4. Er gab ihm Liebe, Mut und Kraft.
So hat es Josef dann geschafft.
Er gab ihm Liebe, Mut und Kraft.
So hat er es geschafft.

5. Ein angesehner, feiner Mann
war Josef in Ägypten dann.
Ein angesehner, feiner Mann,
das war der Josef dann.

6. Und als im Land herrscht Hungersnot,
gibt Josef jedem Korn für Brot.
Und als im Land herrscht Hungersnot,
gibt Josef Korn für Brot.

7. Auch seine Brüder kommen jetzt,
die ihn verkauft und so verletzt.
Auch seine Brüder kommen jetzt,
die ihn so sehr verletzt.

8. Doch Josef hat nicht rumgeschrien,
   er hat den Brüdern bald verzieh'n.
   Doch Josef hat nicht rumgeschrien,
   er hat sehr bald verzieh'n.

9. Er sagt: „Ist erst mein Vater hier,
   dann lebt ihr allezeit bei mir!"
   Er sagt: „Ist erst mein Vater hier,
   lebt ihr mit ihm bei mir!"

Ja, Gott schützt ihn wunderbar!
Jetzt wißt ihr, wie's mit Josef war.
Ja, Gott schützt ihn wunderbar.
Jetzt wißt ihr, wie es war!

4. Geschichten von Jesus

Exemplarische Auswahl geeigneter Geschichten

Möglichkeiten einer erlebnishaften Erarbeitung der Weihnachts-, Passions- und Ostergeschichte sind im Kapitel zum Kirchenjahr zu finden. Die hier nun vorgestellten Spielangebote bieten exemplarisch Geschichten an, die erfahrungsgemäß gern in der Praxis angenommen werden. Sie zeigen unterschiedliche Möglichkeiten auf.

Jesus beruft seine Jünger – Jesus findet Freunde

Rollenspiel

Erzähler: Jesus geht allein durch das Land. Er will den Menschen von Gott erzählen. Jesus ist Gottes Sohn. Am See stehen zwei Fischer. Sie wollen Fische fangen.

Zwei Kinder stellen pantomimisch dar, daß sie angeln, die Netze auswaschen, Fische in einen Eimer legen. Jesus ist während den Worten des Erzählers zu den Fischern gegangen. Er bleibt bei ihnen stehen und sieht ihnen zu.

Jesus: Kommt mit mir!
1. Fischer: Wer bist du?
Jesus: Ich bin Jesus.
2. Fischer: Und was willst du tun?
Jesus: Ich will den Menschen von Gott erzählen.
1. Fischer: Hast du keine Arbeit?
Jesus: Doch! Aber was ich tun will, ist wichtiger!
2. Fischer: Du hast recht! Ich komme mit!
1. Fischer: Ich komme auch mit. Wollen wir Freunde sein?

Die beiden Fischer reichen Jesus ihre Hände, und Jesus schlägt ein.

Erzähler: Jesus und die beiden Fischer gehen zusammen. Sie sind Freunde. Dort drüben auf dem See fahren drei Männer in einem Schiff.
In einem Boot (umgekippter Tisch) rudern drei Männer. Jesus und die beiden Fischer sehen ihnen zu.

Jesus: Kommt mit mir!
1. Mann: Wer seid ihr?
Beide Fischer: Wir waren Fischer! Ja, wir waren auch Fischer.
Jesus: Ich bin Jesus.
1. Fischer: Er ist unser Freund!
2. Mann: Und was willst du tun?
Jesus: Ich will den Menschen von Gott erzählen.
3. Mann: Und ihr?
2. Fischer: Wir sind seine Freunde. Wir gehen mit ihm.
1. Mann: Und eure Arbeit?
1. Fischer: Was er tun will, ist wichtiger!
1. Mann: Du hast recht?

Er fragt die anderen. Sie beraten leise.
2. Mann: Wir kommen mit!

Sie rudern, dann steigen sie aus, gehen auf Jesus zu.
3. Mann: Wollen wir Freunde sein?

Die Fischer, Jesus und die drei Männer aus dem Boot geben sich die Hände. Dann gehen sie gemeinsam weiter.

Erzähler: An einem Tor steht ein Mann und verlangt Geld. Jeder, der in die Stadt will, muß Steuern bezahlen. Der Mann will auch Zoll von Jesus und seinen Freunden.
An einem Tisch steht der Zöllner. Er hält die Hand auf.

Zöllner: Halt! Ihr könnt nicht weiter! Zuerst müßt ihr Zoll bezahlen!
Jesus: Komm mit mir! Ich will den Menschen von Gott erzählen.
Zöllner: Und die andern?
Jesus: Das sind meine Freunde!
Zöllner: Haben sie keine Arbeit?
Jesus: Doch! Aber was ich tun will, ist wichtiger.
1. Fischer: Komm mit uns!
Zöllner: Ihr seid alle seine Freunde?

Er zögert. Als Jesus auf ihn zugeht, gibt er ihm die Hand.

Zöllner: Ich komme mit. Darf ich auch dein Freund sein?

Jesus geht auf ihn zu, umarmt ihn. Die andern geben ihm die Hand, nehmen ihn in ihrer Gruppe auf, und gemeinsam gehen sie weiter.

Erzähler: Jesus findet viele Freunde. Er ruft: „Komm mit mir! Ich will den Menschen von Gott erzählen.“ Jesus ist Gottes Sohn. Er hat zwölf Jünger. Sie gehen mit ihm, überall hin. Es kommen immer mehr hinzu, die mit Jesus weitergehen. *Rolf Krenzer*

Zu dem Spiel kann das Lied von der fröhlichen Prozession gesungen werden (Seite 158). Möglich ist auch ein kleines Kreisspiel, das beliebig oft wiederholt werden kann:

Ich bleib’ bei dir stehen Text: Rolf Krenzer Musik: Englisches Volkslied

Schablonenhafte Zeichnungen, die ausgemalt werden und dann nebeneinander geklebt werden können, findet man in: „Erste Arbeitsblätter Religion I, Das Kirchenjahr.“ Kaufmann, Lahr/Kösel, München.

Wir stehen im Kreis. Jesus geht im Innern des Kreises herum. Er bleibt vor einem Spieler stehen. Wenn der Spieler gefragt wird: „Willst du mit mir gehen?“ gibt er dem Spieler die Hand. Wenn der Spieler sagt: „Ja, ich komme und gehe mit!“ tritt er aus dem Kreis heraus und geht mit. Mit jedem Vers kommt ein neuer Spieler hinzu, so daß zum Schluß alle angefaßt im Kreis gehen.

Anschließend können wir ein Bild von Jesus und seinen Jüngern malen. Jeder malt einen Jünger. Dann kleben wir sie nebeneinander auf. Wir können darauf achten, daß wir die Jünger mit weit auseinandergehaltenen Armen zeichnen. Dann geben sich auf unserem Bild alle ihre Hände. Jesus ist mitten unter ihnen.

Jesus und die Kinder

Erarbeitung des Spielliedes „Jesus und die Kinder"

Ein weiteres Spiellied: „Als der Herr die Stadt besucht" in MC und Liedheft: „Heut' ist ein Tag, an dem ich singen kann", Menschenkinder Verlag, 48157 Münster.

Jesus wendet sich den Kindern zu. Zu den Jüngern sagt er: „Wer Gott wie ein Kind vertraut, der wird immer seine Liebe erfahren!" Erwachsene können also von den Kindern lernen. Davon erzählt das folgende Spiellied.

Die Erwachsenen wollen zuerst nicht, daß die Kinder zu Jesus kommen. Dann werden die Kinder gefragt, was sie alles können. Was kann man von den Kindern lernen: Singen, lachen, tanzen, spielen, sich freuen, schwimmen, vertrauen, springen, helfen usw. Was jeweils genannt wird, wird in die folgende Strophe aufgenommen und in die entsprechende Tätigkeit von allen umgesetzt.

Im Rollenspiel können sich zunächst Erwachsene und Kinder gegenüberstehen und die entsprechenden Liedtexte singen. Dann aber kommen sie zusammen und spielen, singen, klatschen, stampfen, tanzen usw. miteinander.

Jesus ruft die Kinder

Text: Rolf Krenzer Musik: Siegfried Fietz

Das Spiellied läßt sich auch in der Kindermesse, im Familiengottesdienst ganz ungeübt und spontan einsetzen.

Spiel- und Tanzlieder zu diesem Spiel:
So war das in Jericho.
Der Zachäus ist ein Zöllner.
Wir laden den Zachäus ein.
Alle in: R. Krenzer: Das große Liederbuch, Lahn-Verlag Limburg.
Ach, Zachäus (Melodie: Paul G. Walter)
in: R. Krenzer: Gottes guter Segen, Lahn-Verlag, Limburg.
In beiden Büchern sind auch die Bezugsquellen der MCs angegeben.

Jesus und Zachäus

Die Geschichte läßt sich zum Erzählen gleich in ein Rollenspiel umsetzen:

Zachäus steht am Stadttor (Tisch) und nimmt allen Leuten, die vorbeikommen, den Zoll ab. Aber er verlangt sehr viel, so daß manch einer laut schimpft.

Als Jesus in die Stadt kommt, laufen die Menschen zusammen, um ihn zu sehen. Da läuft auch Zachäus los.

Die Leute stehen um Jesus herum. Zachäus ist so klein, daß er nicht über die Leute wegsehen kann. Er versucht es immer wieder, springt hoch, geht auf Zehenspitzen, versucht, sich hindurchzudrängen. Dann entdeckt er einen Baum (Kind mit ausgebreiteten Händen vor einem Stuhl) und steigt hinauf.

Jesus sieht Zachäus und winkt ihm zu. Er sagt: „Steige herunter vom Baum! Ich will dich heute besuchen!"

Da steigt Zachäus vom Baum und führt Jesus in sein Haus. Er tischt ihm auf, was er zu bieten hat.

Die Leute vor dem Haus ärgern sich. Sie ballen die Fäuste, schimpfen laut, werden immer lauter und drohender (mit hoch erhobenen Händen gehen sie auf Zachäus zu).

Da greift Zachäus in seine Tasche und gibt alles zurück, was er ihnen abgenommen hat.

Jesus sieht ihm zu. Dann steht er vom Tisch auf, geht zu Zachäus und legt seinen Arm um ihn.

Wir können auch mit Orffinstrumenten akustisch darstellen, wie böse Zachäus zuerst ist und wie glücklich er dann wird, als er den Leuten alles wieder zurückgegeben hat (kalte, laute Töne – helle, warme Töne).

Die Stillung des Seesturmes

Ein umgedrehter Tisch stellt das Boot dar, in dem Jesus und die Jünger sitzen. Die Spielanweisungen ergeben sich aus dem Text des nachfolgenden Spielliedes. Die Angst der Jünger kann mimisch und gestisch dargestellt werden. Das Boot kann auch von einigen Kindern hin und her geschoben werden, um zu zeigen, wie wild der See ist.

Eine andere Möglichkeit: Wir setzen uns mit gespreizten Beinen hintereinander und rudern. Je nach Wind und Wellen schaukeln wir dazu immer heftiger, bis Jesus aufsteht und dem Wind Schweigen gebietet. Dann rudern wir ganz ruhig.

Aus MC und Liedheft: „Ich schenk' dir einen Sonnenstrahl." Rechte im Peter Janssens Musik Verlag, 48291 Telgte.

Wir fahren über'n See — Text: Rolf Krenzer Musik: Peter Janssens

2. Wir fahren übern See,
   und unser Herr schläft ein.
   Wir fahren übern See.
   Wie wird's da draußen sein?

3. Der Sturm zieht übern See.
   Ein Unwetter geht los.
   Der Sturm zieht übern See.
   Wie schützen wir uns bloß?

4. Ein Sturm zieht übern See.
   Die Welle schlägt ins Boot.
   Ein Sturm zieht übern See,
   und groß ist unsre Not.

5. So stürmisch ist der See.
   Was wird mit uns geschehn?
   So stürmisch ist der See.
   Wir werden untergehn!

6. So stürmisch ist der See.
   Wir fürchten uns so sehr.
   So stürmisch ist der See.
   „Wach endlich auf, oh Herr!"

7. Ganz ruhig wird der See,
   weil Jesus es so will.
   Ganz ruhig wird der See,
   und auch der Sturm wird still.

8. Wir fahren still dahin.
   Und Jesus zu uns spricht:
   „Wenn ich hier bei euch bin,
   dann fürchtet euch doch nicht!"

Zu diesem Lied können von allen immer lauter werdende Geräusche produziert werden (auch Einsatz von Geräuschinstrumenten), die dann, wenn Wind und See still werden, ebenfalls immer ruhiger oder harmonischer werden.

Jesus heilt einen Blinden

Eine Heilungsgeschichte

Die Geschichte vom blinden Bartimäus läßt sich in einem Kreisspiel erleben. Jesus geht langsam herum. Bartimäus sitzt vor seinem Stuhl. Er trägt eine Binde vor den Augen. Er ist blind. Er horcht, bis er die Schritte wahrnimmt. Dann ruft er: „Jesus, hilf mir!" Die anderen Mitspieler rufen: „Sei still!" Der Blinde ruft immer lauter. Da bleibt Jesus stehen. Er sagt: „Komm zu mir!" Der Blinde tastet sich zu Jesus hin. Jesus fragt: „Was soll ich tun?" Der Blinde antwortet: „Ich möchte sehen!" Da nimmt ihm Jesus die Binde von den Augen.

Das folgende Spiellied gibt die Spielanweisungen direkt aus dem Text der Strophen. Der Refrain wird von allen mitgesungen.

Aus MC und Liedheft: „Ich schenk' dir einen Sonnenstrahl", 1985. Rechte im Peter Janssens Musikverlag, 48291 Telgte.

Das Lied vom blinden Bartimäus Text: Rolf Krenzer Musik: Peter Janssens

2. „Oh, Jesus, Herr aus Nazareth!"
   Was war das ein Geschrei!
   „Erbarme dich! Erbarme dich,
   oh Herr, und steh mir bei!"
   Die Leute wurden ärgerlich,
   und sie bedrohten ihn.
   Jedoch der Mann am Straßenrand
   hat weiter laut geschrien.
   So ist es gescheh'n.
   So ist es gescheh'n.
   Da war ein Mann am Straßenrand,
   der wollt' zu Jesus geh'n.

3. Sie sagten: „Geh zur Seite, Mann,
   und sei jetzt endlich still!"
   Jedoch der Mann am Straßenrand
   war ja schon fast am Ziel.
   „Oh Jesus, Herr aus Nazareth!
   Erbarme dich!" schrie er.
   Als Jesus ihn so schreien hört',
   da rief er: „Komm doch her!"
   So ist es gescheh'n.
   So ist es gescheh'n.
   Da war ein Mann am Straßenrand,
   der durft' zu Jesus geh'n.

4. Da stand sogleich der Blinde auf
   und ging zu Jesus nun.
   Und Jesus sah ihn freundlich an
   und fragt: „Was soll ich tun?"
   So stand der arme Bruder da,
   vom Straßenrand der Mann.
   Und voll Vertrauen sagte er:
   „Mach, daß ich sehen kann!"

So ist es gescheh'n.
So ist es gescheh'n.
Da war ein Mann vom Straßenrand,
der blieb vor Jesus steh'n.

5. Und Jesus sah den Blinden an
und sagte: „Du kannst geh'n!
Weil du so glaubst, mein Freund,
drum kannst du wirklich wieder seh'n!"
Da blickt der Arme in die Welt
mit Augen hell und wach.
Da ließ er alles hinter sich
und folgte Jesus nach.
So ist es gescheh'n.
So ist es gescheh'n.
Da war ein Mann vom Straßenrand,
der konnte wieder seh'n.

So ist es gescheh'n.
So ist es gescheh'n.
Da wollt ein Mann vom Straßenrand
mit Jesus weitergeh'n.

Das Gleichnis vom guten Hirten

Ein Hirte, der seine Schafe lieb hat und sich um sie sorgt, vermißt plötzlich ein Schaf aus seiner Herde. Da macht er sich auf und sucht so lange, bis er es findet. Glücklich trägt er das erschöpfte Tier auf seinen Schultern nach Hause und lädt alle Freunde ein, sich mit ihm zu freuen.

Erlebnisse durch die Sorge um ein Tier, einen Menschen, den man lieb hat, hat jedes Kind bereits gehabt. Aber auch die Freude, das Tier, den Menschen wiederzufinden. Es ist ein Gleichnis, das in der realen Situation des Kindes im Kindergarten angesiedelt ist und deshalb verstanden wird. Die Kinder können über ihre eigenen Erlebnisse berichten: Plötzlich war im Warenhaus die Mutter nicht mehr da. – Der kleine Bruder wurde überall gesucht. – Der Wellensittich war fortgeflogen. – Der Hund hatte sich verlaufen usw.

In einem Spiellied kann das Suchen und Wiederfinden erlebnishaft vertieft werden:

Suchlied

Text: Rolf Krenzer Musik: Peter Janssens

Weitere Lieder zum Thema „verlorenes Schaf" – „guter Hirte":
Hilfst du mir ein Schäfchen suchen (Melodie: Siegfried Fietz).
MC: Ein Regenbogen bunt und schön, Abakus, Greifenstein.
Ich suche mein Schäfchen schon lange (Melodie: Detlev Jöcker).
CD/MC: Wir kleinen Menschenkinder, Menschenkinder, Münster.
Mein Schäfchen, mein Schäfchen (Melodie: Paul G. Walter).
MC: Jesus lädt die Kinder ein, Musikbär, Schriesheim.
Aber auch Psalm 23: „Gott, du bist ja bei mir" (Melodie Peter Janssens, MC: Gott zieht vor uns her, Janssens, Telgte – Melodie: Paul G. Walter. MC: Gott, du bist ja bei mir, Musikbär, Schriesheim).
Mein Name ist in deine Hand geschrieben (Melodie: Detlev Jöcker).
MC: Deine Welt ist meine Welt, Menschenkinder, Münster.
In den „Ersten Arbeitsblättern Religion: Vom Morgen zum Abend", Kaufmann, Lahr/Kösel, München, werden Schafe, Hirte, Hund und Pferch auf stabilem Karton zum Ausschneiden, Ausmalen und Aufstellen angeboten, dazu ein Panoramabild als Hintergrund.

2. Meine Schwester hat sich verlaufen!
Wer hat sie geseh'n?
Es soll doch meiner Petra nichts Böses gescheh'n.
Ich suche die Petra.
Sie kennt sich doch nicht aus.
Wenn ich die Petra finde,
bring' ich sie nach Haus.

3. Mein Hund hat sich verlaufen.
Wer hat ihn geseh'n?
Es soll doch meinem Stupsi nichts Böses gescheh'n.
Ich suche den Stupsi.
Er kennt sich doch nicht aus.
Wenn ich den Stupsi finde,
bring' ich ihn nach Haus.

Ein Kind ist der Hirte, ein anderes das Schaf. Wir stehen im Kreis, und das Schäfchen läuft im Kreis herum. Es versteckt sich dann hinter einem Mitspieler.

Der Hirte hat sich die Augen zugehalten oder herumgedreht, so daß er nicht sieht, wo sich das Schäfchen versteckt hat. Jetzt sucht er so lange, bis er das Schäfchen gefunden hat. Dann nimmt er es an die Hand und führt es zu seinem Platz. Nun dürfen andere Spieler Hirte und Schäfchen sein.

Alle Erlebnisse, die das Kind in ähnlicher Weise erfahren hat, können in dieses einfache Kreisspiel eingebaut werden: Der Vater sucht sein Kind. Ein Freund sucht seine Freundin. Ein Kind sucht seine Katze usw. Dabei können jeweils die entsprechenden Namen eingesetzt werden.

Um zu zeigen, wie man sich über den Menschen freut, den man wiedergefunden hat, kann man auch den Arm um ihn legen, ihn drücken usw. Das Spiel braucht auch nicht auf den Kreis beschränkt zu bleiben, sondern kann sich im ganzen Gruppenraum abspielen.

Spielvorschlag: Ein Schäfchen wird von einem Mitspieler versteckt. Wir suchen, bis wir es wiedergefunden haben. Dabei helfen uns die Mitspieler und zeigen durch lautes oder leises Singen, Summen (oder „heiß" und „kalt") an, ob wir nahe daran sind, es zu finden.

Mit Reißarbeiten aus Buntpapier, Wollebildern usw. kann die Situation auch als Bild gestaltet werden.

Spielvorschlag

Zwei besonders reizvolle Spielideen, die Weiterführung und Umsetzung des Gleichnisses beinhalten, werden in den Spielen „Bärenspiel" und „Fuchs, du hast die Gans gestohlen", beide Herder, Freiburg, verwirklicht. Beim „Bärenspiel" hat sich ein kleiner Bär verlaufen, und alle helfen mit, daß die auftretenden Schwierigkeiten überwunden werden und Vater und

Eine Übertragung auf die Situation, daß ein Kind allein vor einer Ampel steht und sicher von seinem Erzieher zu den anderen Kindern geführt wird, wird auch auf den genannten Arbeitsblättern vorgestellt.

Mutter Bär ihr Bärenkind wiederfinden. Im zweiten Spiel hat der Fuchs tatsächlich die Gans gestohlen und versucht, mit ihr zu entfliehen. Wenn er im dichten Wald verschwindet, dann ist auch die Gans seine Beute. Aber die Mitspieler versuchen gemeinsam, die Gans zu befreien. Wenn einer dem anderen hilft, kann das gelingen. Die Geschichte selbst, Spiel und Umsetzung sollten deutlich machen, daß die Suche nach dem verlorenen Schaf nicht von vornherein schon gelungen ist, sondern daß der Hirte, der sich aufmacht, mit Angst und Mutlosigkeit zu kämpfen hat, daß sich ihm viele Schwierigkeiten in den Weg stellen, bis er endlich sein Schaf wiederfindet. Nur so ist seine große Freude zu verstehen. Und diese Freude können wir ebenfalls erleben, wenn wir ein Festlied singen. Gerade hier kann auch die wichtigste Aussage des Gleichnisses, daß Jesus dieser gute Hirte ist, begreiflich werden, z. B. in dem Festlied: „Wir feiern heut ein Fest, weil Gott uns alle liebt“ (Seite 200).

Das Gleichnis vom barmherzigen Samariter

Wenn im Gleichnis vom guten Hirten vermittelt wird, daß wir uns im Schutze Gottes geborgen wissen dürfen (Jesus ist der gute Hirte – Gott ist wie dieser Hirte ... oder in direkter Übertragung auf eine aktuelle Situation: Gott ist wie dieser Vater), und wenn wir erkennen, daß auch in einer veränderten und aktuellen Situation Gottes Hilfe unverändert bleibt, so macht das Gleichnis vom barmherzigen Samariter deutlich, daß wir – wie Gott es mit uns tut – anderen helfen sollen, so gut wir es vermögen. Eine direkte Weiterführung des Gleichnisses kann die Legende vom heiligen Martin und dem Bettler sein, ebenfalls ein Aufzeigen von Bildern aktueller Situationen, in denen Menschen anderen Menschen helfen, z.B. Mutter Teresa, Misereor-Material, aber auch alle Miteinander-Spiele des Verlages Herder, Freiburg, bei denen nur dann jeder wirklich gewinnt, wenn er dem anderen hilft.

Die theologischen Hintergründe des Gleichnisses, daß der Priester und der Levit vorbeigehen und ausgerechnet der Mann aus Samarien hilft, sind in dieser Altersstufe noch von sehr geringer Bedeutung. Aber daß von drei Menschen, die an dem Ort vorbeikommen, einer wirklich hilft, das ist wichtig.

Wie viele fahren im Auto an dem Unfall, der passiert ist, vorbei, bleiben vielleicht stehen, schauen ... und fahren weiter. Wie viele laufen hin, wo etwas passiert. Schaulustige, die schauen und nicht helfen.

Im folgenden Spiellied wurde darauf geachtet, daß zu Beginn nicht die Räuber, sondern der ausgelieferte Mensch und der Mensch, der ihm hilft, im Mittelpunkt stehen.

Das Spiellied bietet mit seinen Möglichkeiten das Gleichnis an und fordert dazu auf, spontan zum Lied die einzelnen Szenen zu spielen. Es läßt sich immer wieder zu einer erlebnishaften Wiederholung einsetzen, weil der einfache Refrain sich rasch einprägt und mit seinem Rhythmus sogleich zum Mitsingen, Mitklatschen usw. auffordert.

Der barmherzige Samaritan Text: Rolf Krenzer Musik: Peter Janssens

Aus LP, MC und Liedheft: „Kommt alle und seid froh“, 1982. Rechte im Peter Janssens Musik Verlag, 48291 Telgte.

2. Auf dem Weg nach Jericho kommen sie daher,
nehmen ihm die Kleider weg und noch vieles mehr.
Ja so, ja so war's auf dem Weg nach Jericho,
ja so, ja so, da ging es einem so.

Weitere Spiellieder und Spielvorschläge zu Gleichnissen:
Rolf Krenzer: Heute feiern wir ein Fest – Sammlung einfacher Spiele zum NT, Kaufmann, Lahr.
Hierzu MC: „Jesus lädt die Kinder ein", Musikbär Verlag, Schriesheim.
Rolf Krenzer/Detlev Jöcker: Und sie fingen an, fröhlich zu sein (verlorener Sohn). MC und Spielheft, Menschenkinder Verlag, Münster.
Sammlungen: Gottes guter Segen – Das große Liederbuch, beide Lahn Verlag, Limburg.

3. Auf dem Weg nach Jericho packen sie den Mann,
schlagen ihn und werfen ihn auf die Erde dann.
Ja so, ja so war's auf dem Weg nach Jericho,
ja so, ja so, da ging es einem so.

4. Auf dem Weg nach Jericho gibt es Leid und Not.
Auf dem Weg nach Jericho liegt ein Mensch halbtot.
Ja so, ja so war's auf dem Weg nach Jericho,
ja so, ja so, da ging es einem so.

5. Auf dem Weg nach Jericho kommt ein Herr daher,
sieht den Mann und geht vorbei und beeilt sich sehr.
Ja so, ja so war's auf dem Weg nach Jericho,
ja so, ja so, da ging es einem so.

6. Auf dem Weg nach Jericho kommt ein and'rer Mann,
tut, als würde er nicht seh'n, schaut ihn gar nicht an.
Ja so, ja so war's auf dem Weg nach Jericho,
ja so, ja so, da ging es einem so.

7. Auch ein dritter kommt vorbei. Wird er weitergeh'n?
Kaum sieht er den armen Mann, bleibt er bei ihm steh'n.
Ja so, ja so war's auf dem Weg nach Jericho,
ja so, ja so, da ging es einem so.

8. Auf dem Weg nach Jericho tröstet er den Mann.
Hilft ihm und verbindet ihm seine Wunden dann.
Ja so, ja so war's auf dem Weg nach Jericho,
ja so, ja so, da ging es einem so.

9. Auf dem Weg nach Jericho bleibt ein Fremder steh'n.
Auf dem Weg nach Jericho jetzt zwei Freunde geh'n.
Ja so, ja so war's auf dem Weg nach Jericho,
ja so, ja so, da ging es einem so.

Eine einfache Gestaltung des Gleichnisses vom großen Festmahl mit Spiellied und Rollenspiel findet man Seite 48.

Mit Gott sprechen, ihm danken und ihn bitten – Gottesdienst

Elementare Formen und Handlungen christlichen Feierns mit Kinder neu entdecken

Immer wieder habe ich darauf hingewiesen, wie wichtig das Erlebnis für das Kind ist, in den Glauben seiner Bezugsperson hineingenommen zu werden. Dieser Glaube kann auch lebendig werden in den verschiedenen Formen und Verhaltensweisen einer Gemeinde. An diesen Formen gelebten Glaubens soll das Kind beteiligt werden.

Entscheidende Lebenssituationen von Geburt bis Tod haben ihren Bezug zum Glauben und der durch diesen Glauben lebenden Gemeinde. Das Kommen des Menschen in diese Welt, in die Schöpfung, und sein Vergehen in dieser Schöpfung stehen in Beziehung zum Herrn der Schöpfung, der der Herr des Lebens eines jeden Menschen ist. Von daher bieten alle diese Lebenssituationen Grund zur Freude und zum Feiern. Hierbei wird deutlich, daß es christliche Freude auch im Leid gibt. Freude äußert sich darüber, daß das Leben stärker ist als der Tod, daß hinter dem Tod der an Ostern Auferstandene ruft: „Kommt alle und seid froh!“ Jeder Gottesdienst ist ja zunächst Verkündigung dieser Osterbotschaft und so Anlaß zur Freude und zum Feiern. Gerade mit Kindern können viele elementare Formen und Handlungen christlichen Feierns, die im üblichen Gemeindeleben manchmal erstarrt sind, wieder neu entdeckt werden.

Gottesdienstliche Feiern im Kindergarten

Im Laufe einer Woche ergibt sich immer wieder die Möglichkeit zu einer solchen gottesdienstlichen Feier. Das kann zu Beginn oder am Ende der Woche sein, wenn wir alle zusammen zu Gottes Lob und Preis ein Lied singen, ein Gebet sprechen, erleben, wie Gott für uns sorgt und was er uns sagt. Eine solche gottesdienstliche Feier im Kindergarten bedarf keiner aufwendigen Vorbereitungen. Das Empfinden, daß wir uns zu einer wirklichen Feier zusammenfinden, daß wir wirklich von dieser Stimmung und Erfahrung berührt werden, kommt von innen heraus und ist im Innern spürbar. Wenn eine Kerze angezündet wird, wenn wir im Gebet und in der stillen Feier Geborgenheit empfinden, wenn wir, weil wir Gott dankbar sind und uns über das, was Gott uns schenkt, freuen dürfen, dann zusammen singen und tanzen und mit allen Sinnen diese Geborgenheit „unter Gottes Regenbogen“ erfahren, dann wird elementar erlebnishaft erfahrbar, was es wirklich bedeutet, wenn uns gesagt wird: „Riecht und schmeckt, kommt und seht, wie freundlich der Herr ist!“

Ein Gebet, das im Augenblick ganz aktuellen Bezug hat, ein Danken und Loben oder die Fürbitte für einen Menschen, der jetzt in diesem Augenblick unserer Fürbitte bedarf, wird mit voller Anteilnahme mitgebetet, weil es Anliegen jedes einzelnen ist. Dazu gehört auch das Gebet, das Jesus uns selbst gelehrt hat.

Vater unser

Text: Matt 6,9–13 Musik: Ludger Edelkötter

Ludger Edelkötter hat eine sehr einfache Melodie geschaffen, die vom Erzieher/der Erzieherin (später von einzelnen Kindern) jeweils Zeile für Zeile vorgesungen und dann von allen wiederholt wird. Dazu können wir mit Gesten und mit unserem ganzen Körper vor Gott treten:

Gesten zum Vaterunser

Vater unser im Himmel.
Wir halten zuerst beide Hände vor die Brust und heben sie dann hoch.

Geheiligt werde dein Name.
Wir breiten die erhobenen Hände weit auseinander.

Dein Reich komme.
Wir halten beide Arme ausgestreckt nach beiden Seiten.

Dein Wille geschehe.
Wir geben unserem rechten und linken Nachbarn die Hand.

Wie im Himmel so auf Erden.
Wir gehen angefaßt zurück, so daß wir einen großen Kreis bilden.

Unser tägliches Brot gib uns heute.
Wir lassen die Nachbarn los und legen unsere Hände zu einem Korb zusammen, in dem wir das Brot empfangen können.

Und vergib uns unsere Schuld.
Wir legen beide Hände gekreuzt über die Brust.

Wie auch wir vergeben unseren Schuldigern …
Wir geben uns wieder die Hände und bleiben bis zum Ende des Gebetes Hand in Hand stehen.

Was es heißt, zu Gott zu gehören, Teil der Kirche Gottes, der Gemeinde, auch der Kindergartengemeinde zu sein, wird in dem folgenden Lied in Bildern verdeutlicht:

Kinder sind immer bereit, ein Fest zu feiern. Wenn es sich dabei um ein gottesdienstliches Fest handelt, kann dies bereits im Einladungslied ausgesprochen werden: „Wir feiern heut' ein Fest, weil Gott uns alle liebt." Von diesem Fest bleibt keiner ausgeschlossen, der sich einladen läßt. Dieses Fest wird zum Erlebnis, weil es Freude auslöst.

Wir feiern heut' ein Fest Text: Rolf Krenzer Musik: Ludger Edelkötter

2. Wir feiern heut' ein Fest und singen miteinander.
   Wir feiern ein Fest, weil Gott uns alle liebt.
   Herein, herein, wir laden alle ein!

   ... und geh'n herum im Kreise.

   ... wir essen und wir trinken.

   ... wir sprechen miteinander.

   Wir feiern heut ein Fest und geben uns dem ander'n ...

   Wir feiern heut ein Fest und finden uns im ander'n.
   Wir feiern ein Fest, weil Gott uns alle liebt.
   Herein, herein, wir laden alle ein.
   Herein, herein, wir laden alle ein!

Die Aufforderungen der einzelnen Strophen werden in gemeinsames Tun umgesetzt.

Je nach Situation können weitere Strophen dazu erfunden werden:

... wir beten miteinander

... wir danken miteinander

... wir tanzen miteinander

Der Gottesdienst ist ein Fest, zu dem wir von Gott immer wieder eingeladen werden.

Gerade das Kind, das nicht mit seinen Eltern zum Gottesdienst geht, das vielleicht aus einer Familie kommt, die nicht der Kirche angehört, soll im Kindergarten erleben dürfen, wie schön ein solches Fest ist, das im Namen Gottes gefeiert wird.

Ich habe oft Kinder in meiner Gruppe, deren Eltern keinen Bezug mehr zur Kirche, zur Gemeinde haben. Ich sage ihnen bereits bei unserem ersten Gespräch, daß ich in der Gruppe auch religiöse Themen einbringe. Bisher hat noch kein Elternteil gefordert, daß ihr Kind dann aus der Gruppe während dieser Zeit herausgenommen werden müßte.

Viel schwieriger ist es allerdings, wenn die Familie einen anderen Glauben hat (Zeugen Jehovas, Moslems). Gerade hier ergeben sich immer wieder besondere Nöte, weil diese Kinder selbst spüren, daß sie von etwas ausgeschlossen sind, was den anderen Kindern im Kindergarten herausragende Erlebnisse und Freude bringt. Als mich Kinder, deren Eltern zu den Zeugen Jehovas gehören, immer wieder drängten, beim Martinsspiel und dann auch beim Martinsumzug mitmachen zu können, habe ich die Eltern aufgesucht und ihnen meine und die Nöte der Kinder zu schildern versucht. Es war mir nicht möglich, ihr Verständnis zu wecken. Da aber alle Gruppen sich auf dieses Fest freuten und eifrig vorbereiteten, schickten sie ihre Kinder während dieser Zeit nicht.

Religiöse Erziehung läßt sich nicht auf bestimmte Stunden einschränken.

Religiöse Erziehung läßt sich im Kindergarten nicht auf bestimmte Stunden einschränken. Der Glaube ist Teil des Menschen, Glaube will nicht theoretisch abgehandelt, sondern gelebt werden. So kann derjenige, der in diesem Glauben lebt, sich nicht für bestimmte Zeiten außerhalb dieses Glaubens stellen. Wenn er wirklich Gott und seinen Glauben ernst nimmt, wird dieser Glaube Auswirkungen auf sein Handeln haben.

Aus der gleichnamigen MC „Kommt alle und seid froh.“ Rechte im Peter Janssens Musik Verlag, 48291 Telgte.

Kommt alle und seid froh

Text: Rolf Krenzer Musik: Peter Janssens

2. Kommt alle und seid froh,
kommt alle und klatscht so!
Gott hat uns lieb, drum sind wir hier.
Gott hat uns lieb, drum klatschen wir.
Kommt alle und seid froh,
kommt alle und klatscht so.

3. Kommt alle und seid froh,
kommt alle und lacht so!
Gott hat uns lieb, drum sind wir hier.
Gott hat uns lieb, drum lachen wir.
Kommt alle und seid froh,
kommt alle und lacht so.

4. Kommt alle und seid froh,
kommt alle und tanzt so!
Gott hat uns lieb, drum sind wir hier.
Gott hat uns lieb, drum tanzen wir.
Kommt alle und seid froh,
kommt alle und tanzt so.

Gottes guter Segen sei mit euch
Segenslied

Text: Rolf Krenzer Musik: Siegfried Fietz

Aus CD/MC: „Gottes guter Segen“, Abakus Verlag, 35753 Greifenstein.

2. 𝄆 Gottes guter Segen
sei vor auch! 𝄇
𝄆 Mut, um zu wagen,
nicht zu verzagen
auf allen Wegen. 𝄇

3. 𝄆 Gottes guter Segen
über euch! 𝄇
𝄆 Liebe und Treue
immer aufs neue
auf euren Wegen. 𝄇

4. 𝄆 Gottes guter Segen
sei um euch! 𝄇
𝄆 Heute und morgen
seid ihr geborgen
auf allen Wegen. 𝄇

5. 𝄆 Gottes guter Segen
sei in euch! 𝄇
𝄆 Sucht mit dem Herzen,
leuchtet wie Kerzen,
auf allen Wegen! 𝄇

Verzeichnis der Lieder und Liedanfänge

Bemerkung: Nach der Seitenzahl steht jeweils die Abkürzung für den Text- und Melodie/Musikautor, und zwar in der Reihenfolge Texter/Komponist.

Abkürzungen:
E für Ludger Edelkötter
F für Siegfried Fietz
H für Reinhard Horn
J für Peter Janssens
Je für Margarete und/oder Wolfgang Jehn
Jö für Lele und/oder Detlef Jöcker
K für Rolf Krenzer
L für Inge Lotz
W für Paul G. Walter